Nel·lo | Los desconectados

Fremdsprachentexte | Spanisch

David Nel·lo
Los desconectados

Herausgegeben von Andrea Scheifl

Reclam

RECLAMS UNIVERSAL-BIBLIOTHEK Nr. 14524
2024 Philipp Reclam jun. Verlag GmbH,
Siemensstraße 32, 71254 Ditzingen

Originally published in Spain
by **edebe**, 2023, www.edebe.com

Gestaltung: Cornelia Feyll, Friedrich Forssman
Umschlagabbildung: Diseño de la colección: Book & Look,
Fotografía de cubierta: Freepik
Druck und Bindung: Esser printSolutions GmbH,
Untere Sonnenstraße 5, 84030 Ergolding
Printed in Germany 2024

ISBN 978-3-15-014524-1
www.reclam.de

La tecnología se ha convertido en algo parecido a un miembro fantasma para ellos, porque forma parte de quiénes son. Estos jóvenes son los primeros que han crecido con las expectativas de una conexión continua: siempre conectados, siempre con ellos. Y también son los primeros que ya no consideran que la simulación sea peor que la realidad. Todo esto los hace más competentes con la tecnología, pero les provoca una serie de nuevas inseguridades.

SHERRY TURKLE (autora del libro *Alone together*)

[Titel] **desconectado/a:** unverbunden, ohne (Internet-)Verbindung. | 2 **el fantasma:** Geist, Gespenst, Phantom. | 4 **la expectativa:** Erwartung. | 10 **Turkle:** Sherry Turkle (*1948): US-amerikanische Soziologin und Professorin für Science, Technology and Society am Massachusetts Institute of Technology (MIT); in ihrem Werk *Alone together* schreibt sie über die Herausforderungen der neuen Medien auf das Leben und die Beziehungen zu den Mitmenschen.

Capítulo uno

Hoy he vuelto a Malkonektita.

Habíamos quedado en que saldríamos a las siete de la mañana de Barrancos, pero yo ya estaba desvelado a las seis. He tenido una noche agitada, me he despertado un montón de veces. La razón de mi desasosiego la conozco bien; la perspectiva de volver a Malkonektita me inquietaba, aunque de forma racional entendía que hubiera sido ridículo negarme a ir y no cumplir con el trabajo que me habían encargado.

Finalmente, y hacía años que se hablaba del tema, se han concedido los permisos y se han firmado los contratos provisionales para construir en la zona una nave enorme (o distintas naves no tan grandes, ya se verá). Será un espacio de almacenaje inmenso para una de las grandes empresas de venta *online*, Big-Buy, que proveerá la distribución en toda el área sur, y que irá más allá de lo que sería la comarca del Campo Medio y sus alrededores. Es un proyecto ambicioso, y la gente de Barrancos está convencida de que les va a beneficiar.

Cuando he oído el aviso del *handy* indicándome que la

2 **Malkonektita:** fiktiver Ortsname mit Anspielung auf den Begriff *mal conectado.* | 4 **Barrancos:** fiktiver Ortsname (*el barranco:* Abgrund, Schlucht). | **desvelado/a:** schlaflos, (hell)wach. | 5 **agitado/a:** unruhig. | 6 **el desasosiego:** Beunruhigung, Unruhe. | 7 **inquietar:** beunruhigen. | 9 **cumplir con el trabajo:** die Arbeit erledigen. | 10 **finalmente:** schließlich, am Ende. | 11 **conceder:** bewilligen, genehmigen. | 12 **la nave:** (Industrie-)Halle. | 13 f. **el espacio de almacenaje** (m.): Lagerhalle. | 15 **proveer algo:** etwas anbieten, mit etwas versorgen. | **la distribución:** Verteilung, Zustellung. | 16 **más allá:** weiter, über … hinaus. | **la comarca:** Gegend, Gebiet, Landkreis (*comarcal:* Kreis…). | 18 f. **beneficiar a alg.:** jdm. nützen.

furgoneta ya había llegado, he apurado el último sorbo de café, he reunido el material que iba a necesitar y he salido de casa. Ramón, que iba en el asiento de delante, ha bajado la ventanilla y me ha saludado con una sonrisa.

– ¡Eh, ánimo, que no vamos al matadero! – me ha dicho acompañándolo de un gesto con la mano.

No le he respondido y me he limitado a subir a la furgoneta. Hemos dado la orden de arrancar y luego he mirado hacia atrás. Llevábamos una cuadrilla de los otros, unos siete u ocho en total. De entrada, creo que nos bastarán para inspeccionar y medir el terreno, sacar fotos y recoger toda la información que necesitaremos para ponernos manos a la obra y proseguir con el trabajo de planificación en las oficinas y en el laboratorio.

Los otros me han devuelto el saludo: «Buenos días, buenos días». Incluso alguno me ha reconocido y me ha dicho: «Buenos días, Nani». Ellos no dicen nunca «señor tal» o «señor cual», porque nadie les ha enseñado, no hace falta. A Ramón a veces le entran ganas de bromear y les sale con una burrada. Les dice: «Un poco de respeto, ¿eh, memo?», pero está claro que ellos no lo entienden.

El día era primaveral, y he dejado la ventanilla abierta

1 **la furgoneta:** Lieferwagen. | **apurar:** austrinken, leeren. | **el sorbo:** Schluck. | 4 **la ventanilla:** Fenster (hier: eines Autos). | 5 **¡ánimo!:** Kopf hoch! | **el matadero:** Schlachthof. | 7 **limitarse a:** sich beschränken auf. | 9 **la cuadrilla:** Gruppe, Team, Kolonne. | 10 **de entrada** (f.): auf den ersten Blick; zunächst. | 11 **el terreno:** Boden, Gelände, Grundstück. | 12 f. **ponerse manos** (f. pl.) **a la obra:** sich dahintersetzen. | 13 **proseguir con algo:** etwas fortsetzen/fortführen. | 15 **devolver** (o>ue) **el saludo:** zurückgrüßen. | 19 **le entran ganas de bromear:** ihm ist nach Scherzen zumute. | 20 **la burrada:** Blödsinn, Unsinn. | **el memo / la mema:** Dummkopf. | 22 **primaveral:** frühlingshaft.

porque quería que el aire fresco de la mañana me acariciase la cara. Escuchaba a Ramón a medias y me entretenía contemplando el paisaje del Campo Medio, que en esa época del año me enamora de nuevo cada vez. La primavera aún no ha irrumpido con todo su esplendor y luce con un verde suave, pero yo diría que ya hemos superado el frío del invierno, por el contraste de los viñedos con los olivos, algún almendro en flor aquí y allá … Luego hemos enfilado una carretera que hacía eses y hemos cruzado un pequeño pinar. También se ven pitas, que siempre me evocan una vegetación prehistórica, con esas hojas grandes y gruesas, como sierras vegetales. Me provocan desazón; cuando era pequeño, pensaba que sería horrible pincharse con aquella planta. A lo lejos, las montañas parecían jorobas oscuras del paisaje, de un gris sombrío, de un azul difuminado, algunas casi negras. No me gustaría vivir en los Países Bajos, donde nada rompe la monotonía del horizonte: las llanuras me ahogan.

De vez en cuando me giraba para mirar a los otros, pero no les decía nada. Ellos permanecían sentados, inmóviles, callados, a la espera de órdenes.

2 **a medias:** halb. | 5 **irrumpir:** hereinbrechen, auftauchen. | **el esplendor:** Glanz, Pracht. | **lucir** (c>zc): leuchten. | 6 **superar:** überstehen. | 7 **por el contraste de:** im Gegensatz zu. | **el viñedo:** Weinberg. | 8 f. **enfilar la carretera:** auf die Schnellstraße fahren. | 9 **hacer eses:** im Zickzack laufen; hier: kurvig sein. | **el pinar:** Kiefernwald. | 10 **la pita:** Agave. | **evocar algo:** an etwas erinnern. | 12 **vegetal:** pflanzlich. | **provocar desazón** (f.): Unbehagen hervorrufen. | 13 **pincharse:** sich stechen. | 14 **a lo lejos:** in der Ferne. | **la joroba:** Buckel. | 15 **sombrío/a:** dunkel, düster. | **difuminado/a:** verschwommen, wässrig. | 17 **la llanura:** Ebene. | 18 **girarse:** sich umdrehen. | 19 **permanecer** (c>zc): bleiben, verharren. | **inmóvil:** unbeweglich, starr. | 20 **a la espera de:** abwartend, auf etwas wartend.

Cuando la voz metálica del conductor nos ha avisado de que faltaban pocos minutos para llegar a nuestro destino, he notado que el corazón me daba un vuelco y he tocado el brazo de Ramón, en silencio.

Es sorprendente que después de tantos años sigan en pie algunos carteles y señales que anuncian la proximidad de Malkonektita. El paso del tiempo se ha comido la mayoría, o los ha abatido, y lo único que queda es un desecho oxidado y roto al lado de la carretera, como un animal mecánico que se hubiera estropeado y nadie hubiese tenido la paciencia de recoger para repararlo. Pero en los que aún resisten se puede leer perfectamente:

¡ATENCIÓN!
HABÉIS ENTRADO EN UNA ZONA SIN COBERTURA.
OS ACERCÁIS A MALKONEKTITA

ATTENTION!
YOU ARE ENTERING A SIGNAL-FREE ZONE.
APPROACHING MALKONEKTITA

Siempre lo ponían en las dos lenguas porque era importante que todo el mundo lo entendiera, los habitantes de la comarca y los extranjeros. Nadie quería complicaciones, y las autoridades, todavía menos.

La furgoneta ha disminuido la velocidad y ha subido por

3 **darle a alg. un vuelco el corazón:** jdm. bleibt das Herz stehen (*el vuelco:* Umkippen; Überschlag). | 5 **seguir en pie** (e>i): stehen bleiben, noch aufrecht sein. | 7 **el paso del tiempo:** der Lauf der Zeit. | 8 **abatir:** niederreißen. | **el desecho:** Abfall. | 15 **acercarse:** sich nähern. | 23 **disminuir la velocidad:** die Geschwindigkeit drosseln.

un desvío a la derecha más adelante, hasta que hemos alcanzado lo que fue la entrada oficial de Malkonektita. Cuando la voz del conductor nos ha anunciado que ya habíamos llegado, Ramón no se ha podido contener y le ha salido con una de sus guasas habituales:

– ¡Que ya lo sabemos, tontaina!

Naturalmente, no ha habido ninguna réplica ni comentario.

Primero hemos bajado él y yo; después, los otros, que se habían quedado parados, casi en formación. Ramón les ha mandado que recogieran el material, las herramientas, todo lo que les iba a hacer falta. Les ha dicho que no se quedaran como pasmarotes y que empezaran la faena. «De acuerdo, de acuerdo, de acuerdo», han repetido todos, porque no basta con que lo diga solo uno. Entretanto, he observado a mi alrededor, y lo que me ha llamado más la atención ha sido ver que el enorme cartel sujeto por dos palos de hierro también se mantenía firme. A pesar de que el óxido lo ha corroído y no iba a durar mucho, aún era bien legible. Si los nuevos planes llegan a buen puerto, este cartel será una de

1 **el desvío:** Abfahrt, Abzweigung. | 1 f. **alcanzar:** erreichen. | 4 **no poder contenerse:** sich nicht zurückhalten können. | **salir:** hier: herausrutschen. | 5 **la guasa:** Scherz. | 6 **la tontaina** (fam.): Dummkopf. | 7 **la réplica:** Antwort, Widerrede. | 9 **bajar:** hier: aussteigen. | 10 **quedarse parado/a:** stehen bleiben. | **en formación:** in Reih und Glied. | 11 **mandar:** befehlen. | 13 **el pasmarote** (fam.): Trottel. | **la faena:** (schwere) Arbeit. | 16 **llamar la atención:** Aufmerksamkeit erregen. | 17 **sujeto/a:** befestigt, festgemacht. | **el palo:** Stab, Stock, Pfahl. | 18 **firme:** fest, stabil, sicher. | **el óxido:** Rost. | 19 **corroer:** (ein Material) zerfressen, zerstören. | **legible:** lesbar, leserlich. | 20 **llegar a buen puerto** (loc.): einen glücklichen Ausgang haben.

las primeras cosas que irán al suelo, sobre todo por su carácter simbólico.

En el cartel, con un tipo de letra que ya denota su intención, se lee:

BIENVENIDOS A MALKONEKTITA
WELCOME TO MALKONEKTITA

Es una caligrafía que imita la letra manuscrita, y alrededor del texto se ven unos dibujos chapuceros y pasados de moda: un sol muy grande, una media luna, unas flores medio despintadas, unos conejos, un gato, un perro … y, extrañamente, un molino de viento, a pesar de que me consta que en Malkonektita no hubo ningún molino de viento. Son imágenes desdibujadas, pero reconocibles. La plancha metálica del cartel está toda abollada, llena de agujeros por la corrosión, e incluso tiene marcas de perdigonadas, como si fuera el cartel indicador de un pueblo en una vieja película del lejano Oeste.

He respirado hondo y he cerrado los ojos mientras aspiraba el aroma característico del Campo Medio, con un tras-

3 **la letra:** hier: Schrift. | **denotar:** bedeuten, andeuten. | 7 **la caligrafía:** Kalligraphie, Schönschrift. | **manuscrito/a:** handschriftlich. | 8 **chapucero/a:** stümperhaft. | 8 f. **pasado/a de moda:** altmodisch, überholt. | 10 **despintado/a:** entfärbt, ausgewaschen. | 11 **me consta que …:** für mich steht fest / ich weiß, dass … (*constar:* feststehen). | 13 **desdibujado/a:** verschwommen, unscharf. | **reconocible:** erkennbar. | **la plancha:** Platte. | 14 **abollado/a:** verbeult. | 15 **la corrosión:** Korrosion, Rost. | **la marca:** Marke; hier: Spur. | **la perdigonada:** Schrotschuss. | 16 **el cartel indicador:** Wegweiser. | 17 **el lejano oeste:** Wilder Westen. | 18 **respirar hondo:** tief durchatmen. | 18 f. **aspirar:** einatmen. | 19 f. **el trasfondo:** Hintergrund.

fondo de romero. Entonces me he forzado a reaccionar: aquello no era una excursión nostálgica al pasado; habíamos venido a trabajar. He mirado a Ramón y le he dicho:

– ¿Qué te parece?, ¿vamos?

Él ha asentido con un golpe de cabeza. A continuación, hemos dado las instrucciones a los otros, despacio y de forma clara. A juzgar por su aspecto, diría que son C, incluso hay un par de ellos que podrían ser D. No estoy seguro porque aquí el terreno está lleno de desniveles y es extremadamente accidentado, y los D tienen poco equilibrio, podrían caerse y estropearse. Por otra parte, la Administración hace lo que sea para abaratar costes en cualquier operación, y a veces nos cuelan una banda de ineptos de un modelo bastante limitado o, lo que es peor, de modelos obsoletos.

Ramón ha programado unos drones para las filmaciones aéreas y de conjunto. Los aparatos han despegado, igual que unos falsos pájaros sin vida que suben por los cielos. Los otros, mientras, se han alejado por el terreno con el andar cauteloso y metódico que los caracteriza, y de vez en cuando decían algo que no he entendido.

1 **el romero:** Rosmarin. | **forzarse:** sich zwingen. | 4 **¿Qué te parece?:** Was sagst du (dazu)?, Was meinst du? | 5 **asentir** (e>ie) **con un golpe de cabeza:** zustimmend nicken. | **a continuación** (f.): daraufhin, anschließend. | 7 **a juzgar por el aspecto:** dem Aussehen nach zu urteilen. | 9 **el desnivel:** Gefälle, Höhenunterschied. | 10 **accidentado/a:** holprig, uneben. | **el equilibrio:** Gleichgewicht(ssinn). | 12 **abaratar costes** (m. pl.): verbilligen, Kosten senken. | 13 **colar** (o>ue): hineinschmuggeln, anhängen. | **inepto/a:** unfähig, untauglich. | 14 f. **obsoleto/a:** veraltet, überholt. | 16 **el dron:** Drohne. | 17 **de conjunto:** Übersichts…, Gesamt… | 19 **el andar:** Gang, Gangart. | 20 **cauteloso/a:** vorsichtig, misstrauisch.

– Nani, si te parece bien, yo empezaré por cubrir la zona de abajo, que es probable que sea la más complicada, y tú puedes subir a la colina y tomar notas o sacar fotos para la evaluación del estado general, una mirada panorámica de conjunto. Creo que en pocas horas lo podemos liquidar, ¿y sabes qué te digo?, que por ahora no me voy a romper mucho la cabeza. De momento, lo que necesitamos es un informe preliminar sin excesivos detalles; más tarde, cuando tengamos luz verde, si es el caso, ya nos meteremos a fondo con los aspectos más técnicos de la viabilidad del terreno y toda la mandanga.

Yo escuchaba a Ramón sin interrumpirlo, y después le he dicho que coincidía con él. He tomado aquellos caminos que en otros tiempos fueron calles y que ahora han quedado llenos de hierbajos, de baches y de pedruscos que alguna tormenta o las riadas han acumulado aquí y allá. Cuando he llegado al final del camino, me he detenido, porque más allá solo está la pista que conduce a la cima abrupta que preside Malkonektita. De todas formas, no tenía ninguna intención

3 **tomar notas** (f. pl.): Notizen machen. | **sacar fotos:** Fotos machen. | 4 **general:** allgemein, Gesamt… | 5 **liquidar:** erledigen. | 6 **por ahora:** vorerst, fürs Erste. | 6 f. **romperse la cabeza** (fig.): sich den Kopf zerbrechen. | 8 **preliminar:** vorbereitend, Vor… | **excesivo/a:** übermäßig. | 9 **tener luz** (f.) **verde** (fig.): grünes Licht bekommen. | **meterse a fondo con algo:** sich gründlich mit etwas befassen. | 10 **la viabilidad:** Begehbarkeit, Befahrbarkeit. | 11 **la mandanga:** Blödsinn, Unsinn. | 13 **coincidir con alg.:** mit jdm. einer Meinung sein / übereinstimmen. | 15 **el hierbajo:** Unkraut. | **el bache:** Schlagloch. | **el pedrusco:** Felsbrocken. | 16 **la riada:** Hochwasser. | **acumular:** anhäufen. | 17 **detenerse:** anhalten, innehalten. | 18 **la pista:** Spur, Bahn, Weg. | **la cima:** Gipfel, Spitze. | **abrupto/a:** steil, jäh, schroff. | **presidir:** dominieren, beherrschen. | 19 **de todas formas:** auf alle Fälle.

de subir al Pico del Congrio, porque aquello sí que me hubiese dolido, como una herida mal cerrada.

No necesitaba girarme para saber que detrás de mí estaba Barrancos, con su campanario prominente y los nuevos edificios de viviendas de las afueras, que cada vez se extienden más. No era precisamente aquella vista la que me interesaba. He preferido mirar hacia abajo, hacia el pueblo fantasma. Porque ahora es en eso en lo que se ha convertido, solo en eso: un panorama desolador. Muchas casas se han derrumbado, otras aún sobreviven; unas paredes quebradas que son como unos muertos que se resisten a ser sepultados o que no quieren desaparecer porque son testimonio de lo que fueron, de su misma existencia.

Allá abajo veía la carretera, la única que conduce a Malkonektita, que serpentea por la zona del bosque y que, por el otro lado, se aleja hacia Barrancos.

He observado cómo los otros trabajaban y hacían lo que les habíamos mandado, despacio, con una obstinación sistemática y maquinal. Qué distintos son de los antiguos habitantes de Malkonektita. Los otros apenas hacen ruido y ofrecen un aspecto neutro, vestidos con sus monos de trabajo de color azul oscuro, de una tela resistente e ignífuga.

1 **el pico:** Spitze, Gipfel. | **Congrio:** hier: fiktiver Name eines Berges (*el congrio:* Meeraal). | 4 **el campanario:** Glockenturm. | **prominente:** hervortretend, vorragend. | 9 **desolador/a:** erschütternd, bewegend. | 9 f. **derrumbarse:** einstürzen (*el derrumbamiento:* Einsturz, Zusammenbruch). | 10 **quebrar:** zerbrechen. | 11 **resistirse:** sich widersetzen. | 11 f. **sepultar:** beerdigen, begraben. | 12 **el testimonio:** Beweis, Zeugnis. | 15 **serpentear:** sich schlängeln. | 18 **la obstinación:** Hartnäckigkeit, Beharrlichkeit. | 19 **maquinal:** mechanisch, maschinell. | 21 **el mono:** Overall. | 22 **ignífugo/a:** feuerfest.

Los habitantes de entonces, en cambio, vestían ropa variopinta, parecían cabras locas, con unas ganas extraordinarias de jugar, de reír y saltar; respiraban un fuerte anhelo de vida.

El zumbido de los drones me ha distraído y he alzado la cabeza para mirar al cielo. Los dos aparatos se han detenido en un punto determinado, a unos veinte o treinta metros de altura, mientras cumplían su misión. Al cabo de un rato, dos tórtolas han pasado volando por encima de mí y han ido a posarse a una rama de un pino cercano. El zurear de los pájaros contrastaba con el rumor mecánico de los drones. Una ráfaga de viento me ha hecho estremecer, y me he subido el cuello de la chaqueta. He entrecerrado los ojos y me he concentrado en el recuerdo de mi hermana, Magdalena.

1 **en cambio:** dagegen, stattdessen. | 1 f. **variopinto/a:** bunt, unterschiedlich. | 3 **respirar:** hier: verströmen. | **el anhelo:** Sehnsucht; Wunsch. | 5 **el zumbido:** Summen, Brummen. | **alzar:** heben. | 8 **al cabo de un rato:** kurz darauf. | 9 **la tórtola:** Turteltaube. | 10 **posarse:** sich setzen, landen. | **el zurear:** Gurren. | 11 **contrastar con:** im Gegensatz stehen zu. | **el rumor:** Geräusch. | 12 **la ráfaga (de viento):** Windstoß. | **estremecer** (c>zc): erschüttern; hier: schaudern. | 13 **entrecerrar:** halb schließen.

Capítulo dos

Los llamábamos «los desconectados» y, a pesar de que este no era su nombre oficial, a la larga fue el que perduró. Durante un tiempo, algunos medios de comunicación intentaron nombrarlos como «malkonectados» o «malkonektizos», pero la gente consideraba que no sonaba bien y nadie se tomó en serio esos apelativos. Al final, todos los conocían como «los desconectados».

Cuando yo era pequeño, de vez en cuando en la escuela surgía el tema, y los niños hacían preguntas a la maestra. ¿Por qué querían estar desconectados? ¿Existían de verdad si no estaban conectados? ¿Era cierto que no tenían It'sMe? ¿Y cómo se las apañaban, entonces? ¿Cómo hablaban entre ellos? ¿Se divertían? ¿Cómo podían vivir de esa forma? Hasta que llegaba un momento en que la maestra decía «basta», y cortaba la conversación. Sin embargo, la existencia de Malkonektita tan cerca de nuestra localidad, de Barrancos, siempre nos provocaba curiosidad. En el recreo, chicos y chicas inventaban anécdotas e historias sobre aquel lugar, así que, poco a poco, tomó para todos nosotros una dimensión inquietante y enigmática. A eso había que aña-

3 **a la larga:** auf lange Sicht, auf die Dauer. | **perdurar:** anhalten, Bestand haben. | 6 **sonar** (o>ue): klingen. | 7 **tomar en serio:** ernst nehmen. | **el apelativo:** Beiname, Kosename. | 12 **It'sMe:** Name des sozialen Mediums in dieser Gesellschaft. Plattform vergleichbar mit Facebook oder Instagram. | 13 **¿Cómo se las apañan?:** Wie machen sie das? Wie kommen sie damit zurecht? | 16 **cortar la conversación:** das Gespräch beenden. | 17 **la localidad:** Ort, Dorf, Stadt. | 21 **inquietante:** beunruhigend, besorgniserregend. | **enigmático/a:** geheimnisvoll, rätselhaft. | 21 f. **añadir:** hinzufügen.

dir el aliciente tan deseado: la promesa de que, cuando cursáramos quinto o sexto, nos llevarían de excursión a Malkonektita.

El año en que nos tocó ir a nosotros, la maestra nos soltó una especie de sermón de advertencia antes de salir del colegio. Creo recordar que aquel curso teníamos a Gisela Fontana.

– Debéis ser muy conscientes de que ellos …, los … desconectados, son personas exactamente iguales que nosotros – empezó ella, un poco titubeante –. Pero con una diferencia fundamental: ellos no quieren estar conectados a la Telaraña ni a ningún otro espacio digital. En algunas casas tienen una cosa que se llama «teléfono fijo». ¿Sabéis qué significa eso? Son unos aparatos que sirven para telefonear a otra gente, pero ese tipo de teléfonos no son personales, no pertenecen a una única persona, a diferencia de vuestros *handys*. Tampoco tienen pantalla, solo sirven para hablar. Porque tenéis que saber que, al principio, los teléfonos fueron inventados exclusivamente para conversar.

Algunos reímos, y una niña preguntó si no podían mandar mensajes.

1 **el aliciente:** Anreiz, Lockmittel. | 1 f. **cursar:** belegen, studieren; hier: in einer bestimmten Jahrgangsstufe sein. | 2 **quinto** (grado): fünfte Klasse (Alter: ca. 10 bis 11 Jahre, in Spanien umfasst die Grundschule sechs Schuljahre). | **sexto** (grado): sechste Klasse (Alter: ca. 11 bis 12 Jahre). | 4 **nos tocó ir:** wir waren dran, dorthin zu gehen (*tocar a alg.:* jdn. betreffen). | 4 f. **soltar un sermón a alg.:** jdm. eine Standpauke halten (*el sermón:* Predigt). | 5 **la especie:** Art. | **la advertencia:** Warnung, Mahnung. | 8 **ser consciente de algo:** sich einer Sache bewusst sein. | 10 **titubeante:** zögernd. | 12 **Telaraña:** hier: Eigenname für das digitale Netzwerk, an das alle angeschlossen sind (*la telaraña:* Spinnennetz). | 13 **el teléfono fijo:** Festnetztelefon.

– No, bonita, no pueden mandar mensajes, ni de texto ni de voz. Tampoco tienen InstantChat ni ningún tipo de aplicación.

– ¿Estás segura de que no tienen It'sMe? – preguntó otro.

La maestra nos dijo que no fuéramos pesados, que ya nos lo había dicho mil veces, que para todas esas cosas había que estar conectado a la Telaraña. Y si ellos se llamaban «los desconectados», era justamente por esa razón, ¿o es que no lo entendíamos?

La verdad era que no acabábamos de comprenderlo; nos parecía inconcebible. A nuestros once o doce años ya éramos conscientes de que It'sMe constituía una parte importante de nuestras vidas, y no había ningún chaval, ni siquiera entre los más rebeldes, que no subiese fotos, audios y todo tipo de información acerca de su vida cotidiana. De hecho, yo diría que vivíamos intensamente en It'sMe. Además, sabíamos que nuestro futuro como adultos dependería en buena parte de toda la información y trayectoria que hubiésemos compilado con el tiempo en It'sMe. Nuestros padres no se cansaban de repetirnos que, cuando fuésemos mayores, lo primero que nos pedirían para empezar a trabajar serían los archivos acumulados en It'sMe. Sin ello no existías, no eras nada ni nadie.

2 **InstantChat:** Name eines fiktiven Messengerdienstes. | 2 f. **la aplicación:** Anwendung, App. | 5 **pesado/a:** schwer, schwerfällig; hier: lästig, nervig. | 8 **justamente:** gerade, genau. | 11 **inconcebible:** unvorstellbar, unbegreiflich. | 12 **constituir:** bilden, darstellen. | 14 **rebelde:** rebellisch, aufsässig. | 15 f. **de hecho:** tatsächlich, eigentlich, de facto. | 16 **intenso/a:** intensiv, stark. | 18 **la trayectoria:** Laufbahn, Werdegang. | 19 **compilar:** zusammenstellen, zusammentragen. | 22 **acumular:** sammeln, anhäufen.

Recuerdo la mezcla de sensaciones contradictorias el día de nuestra excursión a Malkonektita. Nos tocó ir en invierno, un día frío y brumoso. Me senté al fondo del autocar, con mis amigos, y enseguida me di cuenta de que, a pesar del alborozo y las bromas, todos estábamos un poco nerviosos y sentíamos una pizca de ansiedad. Es más, hoy en día, y mirándolo desde la distancia, sé que, en realidad, estábamos asustados. Porque en realidad no podíamos entender qué significaba estar desconectado. Todos habíamos nacido conectados, habíamos crecido conectados, vivíamos permanentemente conectados, las veinticuatro horas del día.

¿Cómo serían los habitantes de Malkonektita? ¿Se notaría que estaban desconectados? ¿En qué?

Ahora soy consciente de nuestra ingenuidad infantil, entre otras cosas porque entonces ni se nos hubiera ocurrido pensar que era probable que hubiésemos visto a algún desconectado en Barrancos. Ignorábamos que ellos no tenían por qué vivir en Malkonektita como si estuviesen en una reserva aislada o en una especie de presidio en medio del campo. Lo cierto es que los desconectados tenían los mismos derechos civiles y ciudadanos que el resto de la población del país. Si habían tomado aquella opción de vida, era por decisión propia y no se trataba de un estado permanen-

1 **contradictorio/a:** widersprüchlich. | 3 **brumoso/a:** neblig. | **al fondo de:** im hinteren Teil von. | 4 **el autocar:** Reisebus. | 5 **el alborozo:** Freude, Jubel. | 6 **una pizca** (fam.): ein bisschen. | **la ansiedad:** Beklemmung, Angst. | 6 f. **hoy en día:** heutzutage. | 15 **la ingenuidad:** Unbedarftheit, Naivität. | 16 **se me occure algo:** mir fällt etwas ein. | 20 **la reserva:** hier: Reservat. | **el presidio:** Gefängnis. | 24 **tratarse de:** sich handeln um.

te ni de una cadena perpetua. De hecho, cualquiera que haya estudiado un poco la historia de la comunidad de Malkonektita sabrá que, durante su existencia, hubo casos de gente que abandonó el pueblo porque no soportaba el hecho de vivir fuera de la Telaraña. Y aparte de eso, a veces los desconectados venían de compras a Barrancos, o para resolver gestiones oficiales o administrativas. Esto último debían hacerlo en una oficina habilitada especialmente para ellos, porque los desconectados no podían solucionarlo como todo el mundo, de forma telemática.

Pero volvamos al día de nuestra excursión. Los de los cursos superiores, que ya habían estado, nos advirtieron: «Cuando veáis los carteles que anuncian que ya estáis cerca de Malkonektita, mirad vuestros *handys*, y ya veréis lo que pasa». Por lo tanto, en cuanto alguien gritó que había avistado el primer cartel, todos nos sacamos el *handy* del bolsillo. Al cabo de uno o dos minutos el *handy* enmudeció. Aquella era una sensación nueva y desconocida. Hubo una niña que corrió a sentarse al lado de Gisela y le dijo que tenía miedo. Fue la única que lo expresó sin tapujos, pero apuesto a que todos sentimos aquella incertidumbre repentina y angustiosa. Incluyendo a Gisela, nuestra profesora, que pasó un brazo por encima del hombro de la niña asustada. De re-

1 **la cadena perpetua:** lebenslängliche Freiheitsstrafe. | 5 **aparte de eso:** außerdem. | 6 **resolver** (o>ue): klären, erledigen. | 7 **la gestión:** Formalität. | 8 **habilitado/a:** hier: geschaffen, eingerichtet. | 10 **la telemática:** Datenfernübertragung. | 12 **advertir** (e>ie): hinweisen, warnen. | 15 f. **avistar:** sichten. | 17 **enmudecer:** verstummen (*mudo/a:* stumm). | 20 **sin tapujos:** frei heraus (*el tapujo:* Verhüllung). | **apostar:** wetten. | 21 **la incertidumbre:** Unsicherheit, Ungewissheit, Zweifel. | **repentino/a:** plötzlich, unerwartet. | 21 f. **angustioso/a:** beängstigend, beklemmend.

pente, si nos pasaba algo, no tendríamos modo de hablar con nuestros padres. La cosa se complicó aún más cuando alguien anunció que el número de emergencias tampoco funcionaba; nos hubiese sido imposible enviar un mensaje para pedir auxilio. Aquello era como entrar en otro planeta. Fue un día lleno de sorpresas, y lo vivimos con una excitación de experiencia irreal, a medio camino entre la vida y la fantasía.

A pesar de que había un sitio que era el punto de encuentro y bienvenida de Malkonektita, el pueblo y sus tierras no estaban cercados por ningún perímetro de seguridad, ni muro o alambrada. La extensión del terreno era demasiado vasta y hubiera resultado inútil. En realidad, Malkonektita se había construido encima de lo que quedaba del pueblo abandonado de Maloso, y las poblaciones que más o menos delimitaban el espacio eran Solas y Bragulat, al oeste; Malamanta y Roderas, al norte; Tudomaño, al este; y al sur, San Bernardo. Pero yo diría que lo que marcaba de verdad la extensión de Malkonektita era algo tan intangible e imposible de ver como la ausencia de conectividad; esa era su barrera oculta.

Aún no nos habíamos repuesto de lo que pasaba con

2 **complicarse:** kompliziert/problematisch werden. | 3 **la emergencia:** Notfall. | 5 **el auxilio:** Hilfe. | 6 f. **la excitación:** Aufregung, heftige Gemütswallung (*excitado/a:* aufgeregt). | 9 f. **el punto de encuentro** (m.): Treffpunkt. | 10 **las tierras:** Ländereien. | 11 **cercar:** einzäunen, umgeben. | **el perímetro de seguridad** (f.): Sicherheitszone. | 12 **la alambrada:** Drahtzaun, Drahtgitter. | 13 **vasto/a:** weit, groß. | 16 **delimitar:** begrenzen. | **el espacio:** Raum; hier: Fläche. | 19 **intangible:** unangreifbar, unberührbar. | 20 **la ausencia:** Abwesenheit, Nichtvorhandensein. | **la conectividad:** Anschlussfähigkeit, Vernetzung. | **la barrera:** Grenze, Schranke. | 21 **oculto/a:** verborgen, geheim. | 22 **reponerse:** sich erholen.

nuestros *handys*, cuando nos llevamos otra sorpresa: Gisela nos pidió que bajásemos del autocar. Los que iban en los asientos de delante preguntaron por qué, si todavía no habíamos llegado a Malkonektita. Entonces ella nos explicó que a partir de aquel punto nuestro autocar, con su chófer normal y automático, ya no funcionaría, porque la zona estaba desconectada, y necesitábamos un conductor como los de otra época, una persona de carne y hueso. No nos había dicho nada sobre ello, supongo que para no asustarnos.

Aquello provocó un gran desconcierto. Tuvimos que caminar unos cincuenta metros hasta que llegamos ante un vehículo viejo y destartalado con un cartel en la parte delantera que decía: «Servicio Discrecional del Campo Medio». Un señor bastante mayor, vestido con un chándal azul y una gorra con visera, nos saludó y nos dijo que, desde allí, él sería nuestro chófer. Algunos lo miraron recelosos y comentaron que aquel vehículo no autónomo podía resultar peligroso. Sin embargo, el hombre los tranquilizó: no tenían por qué desconfiar, él era un conductor de primera.

Cuando hubimos subido todos, el hombre de la gorra dijo «en marcha» e hizo no sé qué con una llave al lado del

1 **llevarse una sorpresa:** eine Überraschung erleben. | 8 **de carne** (f.) **y hueso** (m.; fig.): aus Fleisch und Blut. | 11 **el desconcierto:** Unordnung. | 13 **destartalado/a:** verwahrlost, baufällig. | 14 **delantero/a:** vorderer, Vorder… | **discrecional:** beliebig; hier: Bedarfs… | 15 **el chándal:** Jogginganzug. | 16 **la gorra con visera:** Schirmmütze (*la visera:* Visier, Schirm einer Mütze). | 17 **receloso/a:** misstrauisch, argwöhnisch. | 20 **desconfiar:** misstrauen, misstrauisch sein. | 20 f. **de primera:** erstklassig, ausgezeichnet. | 23 **en marcha:** los geht's.

volante, y el motor del autocar arrancó. Hubo una especie de pequeñas explosiones extrañas y enseguida olimos algo acre que nos cosquilleó la nariz. «Es un motor que funciona con gasolina», nos aclaró Gisela, pero la mayoría no entendimos qué quería decir con aquello, y pensamos que era un misterio más de Malkonektita.

Cuando llegamos al pueblo, nos esperaba una mujer que nos anunció que sería nuestra guía durante la visita. Nos dijo que se llamaba Frimari, y nos dio la bienvenida. Nosotros la mirábamos fascinados, igual que habíamos hecho con el chófer del viejo autocar, como si ellos fuesen criaturas de otro mundo. Pero lo cierto es que aquella mujer, que nos sonreía y nos hablaba con naturalidad, ofrecía un aspecto bien normal, más que algunas mujeres de Barrancos. Era morena, con el pelo rizado y algunas canas, aunque no era muy mayor. Llevaba un jersey de lana verde, unos pantalones negros de pana y unos zuecos de color granate. Me fijé en sus pendientes, que debían de ser de plata y representaban dos medias lunas.

Antes de bajar del autocar, Gisela nos había advertido que era preferible que no hiciésemos fotos, pero muchos no pudieron contenerse y enseguida se pusieron a hacerse montones de selfis. Al menos aquella función de sus *handys* no había quedado inutilizada en la zona; era la única.

Después de la emoción inicial, nos quedamos un poco chasqueados porque rápidamente nos dimos cuenta de que Malkonektita no se diferenciaba mucho de cualquier otro

3 **acre:** herb, ätzend. | **cosquillear:** kitzeln. | 15 **la cana:** graues, weißes Haar. | 17 **la pana:** Kord(samt). | **el zueco:** Holzschuh. | **granate:** granatrot. | 21 **ser preferible:** vorzuziehen sein. | 22 **contenerse:** sich zurückhalten. | 25 **inicial:** anfänglich. | 26 **chasqueado/a:** enttäuscht.

pueblo de la comarca. Quizá sí que las cortinas de las ventanas eran más alegres y abigarradas, y la gente que veíamos por la calle hablaba más alto de lo habitual. También reían, y cantaban, pero no vimos a nadie con cuatro brazos o tres piernas, ni de color verde ni con alas. Entonces uno de mis compañeros me señaló algo que sí era sorprendente: nadie tenía *handy*. En Barrancos, cuando ibas por la calle y alzabas la vista de tu pantalla, comprobabas que todo el mundo llevaba el *handy* en la mano o lo consultaba. Y si no era así, llevaban puestos los auriculares, porque todos queríamos estar siempre conectados. En cambio, en Malkonektita, la gente conversaba animadamente, y otros caminaban solos, pero sin *handy*. ¿En qué pensarían?, me pregunté. ¿Qué hacían? ¿Qué miraban?

Frimari, nuestra guía, nos paseó por todo el pueblo, arriba y abajo. Yo apenas escuchaba sus explicaciones porque prefería observar todo aquello por mí mismo, sin que nadie me dijera cómo eran las cosas allí ni por qué.

Cuando nos paramos delante de la escuela, y la guía dijo que, si esperábamos cinco minutos, veríamos la salida del mediodía, nos quedamos todos quietos, con los ojos fijos en los dos batientes de la puerta gastada y en aquel cartel de encima que decía, en letras verdes:

ESCUELA LIBRE DE MALKONEKTITA

2 **abigarrado/a:** bunt. | 7f. **alzar la vista:** aufschauen. | 9 **consultar algo:** hier: etwas (per Handy) suchen/nachschlagen. | 10 **los auriculares:** Kopfhörer. | 12 **animado/a:** angeregt, lebhaft. | 15 **pasear a alguien:** jdn. (spazieren) führen. | 17 **por mí mismo:** allein, auf eigene Faust. | 22 **el batiente:** (Tür-)Flügel. | **gastado/a:** abgetragen, abgescheuert.

Al cabo de un poco, oímos el griterío y las carcajadas de unos niños que corrían por el patio. Entonces se abrió la puerta y apareció un grupo. Ellos nos miraron y nosotros los miramos. Por unos instantes nadie dijo nada, y yo sentí algo extraño dentro de mí, no sé cómo explicarlo, en las tripas. Sentí que ellos eran ellos y nosotros éramos nosotros, dos grupos bien diferenciados.

Me doy cuenta de que, dicho así, parece una tontería, pero esa fue la sensación que tuve. Si lo pienso ahora, supongo que lo podría expresar de otra manera, pero tampoco sería más exacta. Entre aquel «ellos y nosotros» no había una diferencia física, excepto que aquella veintena o treintena de alumnos comprendían edades diversas; algunos de nuestra edad, otros más pequeños y otros mayores. Aparte de eso, si nos hubiésemos mezclado, no hubiera habido muchas diferencias entre los niños de Barrancos y los de Malkonektita. El contraste nacía del hecho de saber que ellos vivían en un mundo aislado y nosotros no.

Algunos nos sonrieron y más de uno nos dijo «hola» a gritos. Creo que estaban acostumbrados a recibir visitas de fuera de Malkonektita, pero no sé si eso les gustaba o les molestaba. Lo que sí recuerdo es que, cuando un grupo de compañeros de clase sacaron el *handy* para sacarles fotos, la guía se plantó en medio y les mandó que guardasen inmediatamente los *handys* en el bolsillo.

1 **el griterío:** Geschrei. | **la carcajada:** Gelächter, Lachen. | 5 f. **las tripas** (fam.): Eingeweide; hier: Inneres (*la tripa:* Bauch). | 12 **la veintena/treintena:** um die zwanzig/dreißig (Menschen). | 13 **comprender:** hier: umfassen, einschließen. | 24 **plantarse:** hier: sich hinstellen, dazwischengehen (*plantar:* hinstellen). | **guardar:** hineinstecken, einstecken, wegpacken.

– Los niños de Malkonektita no son animales de un zoológico.

Lo dijo sin gritar en absoluto, pero con una contundencia de voz que no admitía réplica. Avergonzados, todos guardaron los *handys* sin rechistar.

Luego fuimos a una explanada junto a un campo de fútbol para comer los bocadillos y descansar un rato. Nos juntamos en un círculo alrededor de Gisela. Había salido un sol tímido y era agradable a aquella hora del mediodía. Mientras comíamos, comentamos lo que habíamos visto y, de vez en cuando, no podíamos evitar echar una ojeada a los *handys*, y cada vez que constatábamos que no funcionaban, nos entraba una especie de impaciencia. Todos pensábamos qué fotos y qué historias íbamos a subir en It'sMe tan pronto como tuviésemos cobertura.

La maestra nos preguntó si nos gustaría vivir en Malkonektita, y las respuestas fueron inmediatas y vehementes:

– ¡Sería horrible!

– Yo no podría soportarlo …

– No entiendo cómo lo hacen.

– Se deben de aburrir tanto, sin juegos, sin pelis, sin fotos, sin InstantChat, sin It'sMe …

Gisela insistió en saber qué era lo que más echaríamos de

1 f. **el (parque) zoológico:** Tiergarten. | 3 f. **la contundencia:** Schlagkraft. | 4 **admitir:** zulassen. | **la réplica:** Widerrede. | **avergonzado/a:** beschämt (*avergonzarse:* sich schämen). | 5 **sin rechistar:** ohne Protest. | 6 **la explanada:** freier Platz. | 7 f. **juntarse:** sich versammeln. | 11 **echar una ojeada a algo:** einen Blick auf etwas werfen. | 12 **constatar:** feststellen, bestätigen (*la constatación:* Bestätigung). | 13 **entrar a alguien:** hier: jdn. befallen (Gefühl). | 14 f. **tan pronto como:** sobald. | 21 **la peli:** *la película.* | 23 f. **echar de menos:** vermissen.

menos si viviésemos allí. La respuesta fue unánime: la conectividad. Para nosotros, la sensación de estar conectados daba seguridad a nuestras vidas; el saber que podíamos hablar con quien quisiéramos, cuando fuera, incluso con una persona que se encontraba a miles de kilómetros, todo ello nos hacía sentir vivos y despiertos. Estoy casi seguro de que, si Gisela nos preguntaba aquello, era para hacer de abogado del diablo, pero a la vez no dudo de que ella también compartía nuestra reacción de rechazo y nuestra necesidad de estar en la Telaraña de forma permanente.

Durante un rato callamos mientras acabábamos los bocadillos, y fue como si el ambiente de los desconectados se filtrara entre nosotros por unos minutos. Aquel era un entorno apacible y exótico, casi misterioso. A nuestra izquierda vimos un gato que daba volteretas y saltaba, igual que si jugase con un ratón o un pajarillo que hubiera cazado. Como no teníamos otra cosa con qué entretenernos, contemplamos aquella especie de danza felina y admiramos su pelaje negro y lustroso, que parecía más bonito con los rayos de sol. Poco después aparecieron por el camino que bordeaba el campo de fútbol un niño y una niña acompañados de un perro de orejas grandes y caídas; era de color chocolate claro. Los dos reían y, de vez en cuando, lanzaban un

1 **unánime:** einhellig, einstimmig. | 7f. **hacer de abogado del diablo:** den Advocatus Diaboli / Anwalt des Teufels spielen (bewusst Gegenargumente in eine Diskussion einbringen). | 8 **a la vez:** zugleich, gleichzeitig. | 9 **el rechazo:** Ablehnung. | 13 **filtrarse:** sich ausbreiten. | 14 **el entorno:** Umgebung. | **apacible:** mild, sanft; hier: ruhig. | 15 **dar una voltereta:** sich überschlagen, einen Purzelbaum schlagen. | 16 **el pajarillo** (dim. von *el pájaro*): Vögelchen. | 18 **felino/a:** Katzen... | 19 **el pelaje:** Fell. | **lustroso/a:** glänzend. | 21 **bordear algo:** sich an etwas entlangziehen, an etwas entlang verlaufen. | 22 **caído/a:** hier: herabhängend.

palo que el perro se apresuraba a recoger del suelo y se lo devolvía, a la espera de que se lo lanzasen de nuevo.

– ¿Os habéis fijado? – susurró Gisela –. Aquí todas las mascotas son de verdad. En Malkonektita no hay nadie que tenga un bot de compañía.

Y tenía razón. Para nosotros, que habíamos crecido con el perro Aibo, con la foca Paro y todos sus descendientes, resultaba muy difícil imaginar cómo sería la vida solo con animales de carne y hueso. Al poco rato me di cuenta de otra cosa: durante toda nuestra visita no habíamos visto ni a uno solo de los otros. Y estaba seguro de que, si hubiese habido alguno, lo habríamos notado porque en aquella época, y estoy hablando de hace más de veinte años, los otros eran mucho menos sofisticados que los de hoy en día. Su forma de moverse, de hablar, los traicionaba enseguida, y no había forma de que pasaran desapercibidos.

No sé muy bien por qué, pero preferí no compartir aquel descubrimiento con los compañeros de clase ni con la maestra (aunque imagino que Gisela ya lo sabía). Lo he dicho antes: aquella primera visita a Malkonektita fue una mezcla de emociones fuertes. Por un lado, sentía la atracción de ver directamente un sitio como aquel, que hasta entonces me había parecido casi imaginario; pero, por el otro, me dejó lleno de dudas y de desconcierto.

1 **apresurarse:** sich beeilen. | 3 **susurrar:** flüstern, murmeln. | 4 **la mascota:** Haustier. | 5 **el (ro)bot de compañía** (f.): Hausroboter (statt Haustier). | 6 **tener razón:** Recht haben. | 7 **la foca:** Robbe, Seehund. | **el descendiente:** Nachkomme. | 14 **sofisticado/a:** gekünstelt, geziert, affektiert. | 15 **traicionar:** verraten (*la traición:* Verrat). | 16 **pasar desapercibido/a:** nicht auffallen (*desapercibido/a:* unbemerkt). | 17 **compartir:** teilen.

Hacia las cuatro o cuatro y media, el chófer del autocar especial de Malkonektita nos condujo hasta el límite de la zona desconectada. Todos nos dimos prisa en subir a nuestro autocar. Una vez dentro, respiré hondo y me dije «ya está», como si hubiese llegado a tierra firme. Un poco más allá, cuando ya habíamos dejado atrás el pueblo, alguien gritó, con una alegría desmesurada:

– ¡Ya volvemos a estar conectados!

Todos, absolutamente todos, sacamos nuestros *handys*, y lo primero que hicimos fue enviar un mensaje a nuestros padres para decirles que habíamos estado en Malkonektita y que no nos había sucedido nada. Inmediatamente después entramos en It'sMe, porque queríamos vivir de verdad lo que acabábamos de vivir.

7 **desmesurado/a:** riesig, übergroß.

Capítulo tres

Mi hermana Magdalena no debería haber vivido. Y con esta afirmación no es que exprese un deseo o que mire su vida con pesadumbre. Simplemente, constato un hecho. Si no hubiese sido por la testarudez de mis padres, sobre todo de mi madre, Magdalena no habría nacido. Lo que lo hizo posible fue que mi madre era un pez gordo en la administración del hospital comarcal donde trabajaba como médica obstetra. Si no hubiera sido así, tal vez hubiesen encontrado más obstáculos. ¿Pero cómo era posible que quisieran tener una criatura que padecía una malformación? No lo sé, no se lo pregunté nunca, ni en vida de Magdalena, ni después. En cualquier caso, me alegro de haber tenido una hermana. A pesar de que, si ella no hubiese nacido, ahora no la echaría de menos y nunca la habría llorado, prefiero mi dolor y el vacío que dejó antes que la tristeza de haber sido hijo único.

Supongo que la decisión que tomaron mis padres no fue fácil. En la época en que nació Magdalena, en Europa había poquísimas criaturas que naciesen con una malformación congénita; solo se daba en casos aislados de mujeres que vivían una vida muy marginal y sin ningún tipo de segui-

4 **la pesadumbre:** Leid, Kummer. | 5 **la testarudez:** Dickköpfigkeit, Starrköpfigkeit. | 7 **ser un pez gordo** (fam.): ein hohes Tier sein. | 8 f. **el/la médica obstetra:** Facharzt/-ärztin für Geburtsheilkunde. | 10 **el obstáculo:** Hindernis. | 11 **la criatura:** Kreatur, Lebewesen. | **padecer** (z>zc) **de:** leiden an. | **la malformación:** Missbildung. | 15 **llorar alguien/algo:** jdn./etwas beweinen. | 16 **el vacío:** Leere. | **el hijo único / la hija única:** Einzelkind. | 20 **congénito/a:** angeboren. | **darse:** auftreten, vorkommen. | **aislado/a:** vereinzelt. | 21 **la vida marginal:** hier: Leben am Rande der Gesellschaft. | 21 f. **el seguimiento:** Verfolgung; hier: medizinische Überwachung.

miento durante el embarazo. La mayoría de las malformaciones se detectaban con antelación y, si una intervención intrauterina no era practicable, se interrumpía la gestación.

Me pregunto si mi madre llegó a sincerarse con alguna amiga durante su embarazo y le confesó lo que sabía del bebé que llevaba dentro. ¿O fue un secreto que únicamente compartió con mi padre porque temía un rechazo general? Lo ignoro, pero me imagino a mi madre tendida en la cama, despierta hasta las tantas, sintiendo aquella vida crecer en su interior. «Esta es mi hija, y es la hija que tendré», debió de decirse. Mi madre es cabezota por naturaleza.

Cuando solo faltaban uno o dos meses para el parto, mi madre me sentó en su regazo y me abrazó. Yo ya había cumplido cinco años.

– Nani, sabes que dentro de poco nacerá tu hermana, ¿verdad? – me dijo al oído.

Le dije que sí lo sabía, y puse mi mano plana encima de su tripa, que era grande y redonda como la luna. Entonces me explicó que mi hermana sería un poco distinta de mí.

– ¿Lo dices porque será una niña?

– Sí – me dijo mi madre – , pero no solo por eso. Ella tendrá algo especial que la hará diferente del resto de los niños.

2 **detectarse:** entdecken. | **con antelación** (f.): im Voraus, rechtzeitig. | 2 f. **la intervención intrauterina** (med.): intrauteriner Eingriff (im Bereich der Gebärmutter). | 3 **la gestación:** Schwangerschaft. | 4 **llegar a hacer algo:** es fertigbringen/schaffen, etwas zu tun. | **sincerarse:** sich aussprechen, sich anvertrauen. | 8 **ignorar:** nicht wissen. | **tender:** liegen, sich ausstrecken. | 9 **hasta las tantas** (fam.): bis spät in die Nacht. | 11 **la cabezota** (aum. von *la cabeza*): Dickkopf. | **por naturaleza** (f.): von Natur aus. | 13 **el regazo:** Schoß.

No me atreví a preguntar en qué consistía aquella diferencia, y mi madre no me lo aclaró. Así que, durante el tiempo de espera hasta el nacimiento de Magdalena, intentaba imaginarme cómo sería. A veces me la representaba monstruosa; tenía visiones absurdas, como si fuese posible que mi hermana naciera con cuerpo de niña y cabeza de perro, cosas así. Nunca he entendido por qué mi madre no quiso explicarme cómo sería Magdalena.

Por fin, el día de su nacimiento, mi padre vino a buscarme. Era de madrugada y yo me había quedado a dormir en casa de una vecina amiga nuestra. Enseguida le pregunté a mi padre cómo estaba mamá, y él me dijo que se encontraba bien, cansada pero bien. No me atreví a mencionar a aquella hermana que acababa de estrenar.

– La niña está sana y es una preciosidad – añadió él.

«¿Una preciosidad?» «¿Y aquello especial?», pensaba yo, pero preferí callar. Cuando entré en la habitación del hospital, noté que me ponía colorado y apenas me atreví a mirar a mi madre. Ella me atrajo hacia sí, me abrazó y me dio un beso. Me animó a acercarme a mi hermana, que estaba tendida en la cuna del hospital, al lado de la cama. «Será un horror», pensé.

Dentro de la cuna vi a una criatura con la cara arrugada y las mejillas rojas y medio peladas, como si hubiese tomado demasiado el sol. ¿Esa era la gran diferencia? Entonces mi

13 **mencionar:** erwähnen. | 14 **estrenar:** debütieren; hier: zur Welt kommen. | 15 **ser una preciosidad:** wunderschön/entzückend sein (*la preciosidad:* Kostbarkeit). | **añadir:** hinzufügen. | 19 **atraer:** hier: zu sich ziehen. | 23 **arrugado/a:** runzelig, verknittert. | 24 **pelado/a:** hier: sich schälend. | 24 f. **tomar el sol:** sonnenbaden, sich sonnen.

padre apartó la sábana y dejó al descubierto unas piernecitas delgadas y rosadas, que recordaban las patas de un animalillo. Pero, aunque fuesen flacas, tampoco me parecieron anormales. Hasta que no le acaricié los brazos, un poco inseguro, no me di cuenta de su mano izquierda. A diferencia de la derecha, la izquierda era más menuda y tenía todos los dedos pegados, el pulgar apenas se separaba del resto de la mano. Lo primero que pensé era que parecía la mano de una muñeca mal hecha, igual que un defecto de fábrica. En aquel mismo momento mi padre me acarició la cabeza y me preguntó si me gustaba mi nueva hermana.

– Se llamará Magdalena – me anunció.

Yo no supe decir nada porque no me salían las palabras.

Cuando miro las fotos que conservo de Magdalena, tanto las de pequeña como las de joven, compruebo que es casi imposible ver su mano izquierda. Me pregunto si la escondía de forma automática o si era consciente cada vez que lo hacía. Entonces recuerdo un gesto suyo muy característico: tomaba su mano pequeña y deforme con la mano derecha, como si quisiese protegerla o como si su mano zurda fuese un polluelo o un pájaro caído del nido. Después, únicamente puedo admirar la belleza de Magdalena.

De pequeña siempre pedía a mi madre que la peinase con

1 **apartar:** entfernen; hier: wegnehmen, zurückschlagen. | **dejar al descubierto:** etwas freilegen / unbedeckt lassen. | 1 f. **la piernecita** (dim. von *la pierna*): Beinchen. | 2 **rosado/a:** rosa, rosig. | 2 f. **el animalillo** (dim. von *el animal*): Tierchen. | 3 **flaco/a:** schlank, dürr. | 6 **menudo/a:** zierlich, winzig. | 7 **el pulgar:** Daumen. | 20 **la mano zurda:** linke Hand (*zurdo/a:* linkshändig). | 21 **el polluelo** (dim. von *el pollo*): Küken. | 22 **admirar:** bewundern.

una trenza. De más mayor, en su adolescencia, quiso experimentar con estilos distintos. Hay fotos donde se la ve con el pelo muy corto, o rapado solo en un lado. Incluso hay un par tomadas poco antes de morir, en las que lleva el cabello teñido de rubio platino, como una artista de cine de otro tiempo. Después de teñirse, le preguntó a Adam si le gustaba de rubia, y él respondió con su estilo mecánico: «Si a ti te gusta, a mí también me gusta».

Me es prácticamente imposible saber cómo afectó la malformación de Magdalena a su vida, aunque ciertas limitaciones físicas eran objetivas. Por ejemplo, no tenía la función de pinza en la mano izquierda, y eso significaba que había una serie de manipulaciones que no podía realizar. A pesar de ello, cuando escribía mensajes en el *handy,* iba a una velocidad sorprendente.

A los ocho o nueve años, Magdalena decidió que quería montar en bicicleta, como yo. Lo intentó con la ayuda de mis padres, pero no lo consiguió. El empujón inicial ya le era difícil, por una cuestión de equilibrio con el manillar, y, si el terreno era desigual o había baches, perdía el agarre y chocaba o acababa en el suelo. Aquello la enfurecía; protestaba y decía que no había derecho. En estos casos mis padres no sabían cómo responder; de qué modo explicas a

1 **la trenza:** Zopf. | **la adolescencia:** Jugend. | 3 **rapado/a:** rasiert. | 4 **el cabello:** Haar(e). | 5 **el platino:** Platin. | 11 **objetivo/a:** hier: offensichtlich. | 11 f. **la función de pinza:** Zangengriff (*la pinza:* Zange). | 13 **la manipulación:** hier: Handgriff. | 18 **el empujón:** Schubs, Schub. | **inicial:** erste(r, s), Anfangs… | 19 **el manillar:** Fahrradlenker. | 20 **perder el agarre:** den Halt verlieren. | 21 **enfurecer** (z>zc): wütend machen. | 22 **no hay derecho** (fam.): das ist nicht fair.

tu hija pequeña que la naturaleza no es siempre justa. Al final, mi madre encontró la solución: encargó en Alemania una especie de bicicleta reclinada que permitía conducirla acostado; gracias a eso no hacía falta tanta fuerza para sostenerla con las manos, y Magdalena ya no se caía. En poco tiempo aprendió a dominarla. Se sentía orgullosa de su vehículo. Parece que la estuviera viendo: en aquella bici reclinada con su gran rueda trasera y la rueda delantera más pequeña, el cuadro de color rojo y el manillar que quedaba por debajo de las piernas. Al ganar seguridad, ya quería venir de excursión conmigo cuando yo salía en bicicleta. Era intrépida y tenía las piernas fuertes; a pesar de ser más joven que yo, nunca se quedaba rezagada. Además, la actividad física le encantaba; le gustaba correr, saltar, y hasta nadaba muy bien, pese a la limitación de su mano izquierda, que no la impulsaba tanto como la derecha.

De pequeña nunca tuvo problemas en la escuela, ni con las maestras ni con los compañeros. Solo, si alguna vez llegaba algún niño nuevo, quizás durante los primeros días de curso se fijaba más de la cuenta en Magdalena y en su mano pequeña. De todos modos, si alguien se hubiese atrevido a burlarse o a meterse con ella, se habría encontrado con la

3 **la bicicleta reclinada:** Liegefahrrad (*reclinarse:* sich stützen, sich lehnen). | 4 **acostado/a:** liegend. | 5 **sostener:** halten, stützen. | 7 **el vehículo:** Fahrzeug. | 8 **trasero/a:** Hinter… | **delantero/a:** Vorder… | 9 **el cuadro:** hier: Fahrradrahmen. | 12 **intrépido/a:** kühn, unerschrocken. | 13 **quedar rezagado/a:** zurückbleiben/-fallen. | 16 **impulsar:** vorantreiben, schieben. | 21 **más de la cuenta:** zu viel. | 22 **de todos modos:** auf alle Fälle. | 23 **burlarse de:** sich lustig machen über. | **meterse con alguien:** jdn. ärgern/provozieren.

furia protectora de nuestra madre, una auténtica leona si se trataba de velar por su hija.

Un sábado de otoño, cuando yo ya tenía catorce o quince años, les dije a mis padres que quería pasar el día en Tudomaño y que pensaba ir en bici. En cuanto Magdalena me oyó, dijo que ella también se apuntaba. Yo estaba en esa edad en la que no sabes si prefieres compañía o hacer las cosas solo, así que, de entrada, le dije que no. Magdalena se me quedó mirando de una forma muy suya. Nunca suplicaba, no le gustaba, pero en sus ojos había algo que te hacía muy difícil rechazarla: la intensidad de su mirada. Y cedí. De hecho, cuando empezamos a pedalear y dejamos atrás Barrancos, me alegré de tener una compañera de salida.

Recuerdo que por el camino nos cruzamos con más de un tractor que iba con el remolque repleto de uvas. En nuestra zona siempre ha habido muchos viñedos, y cuando llega el tiempo de la vendimia, aún hoy en día, los caminos y las carreteras se llenan de vehículos cargados de uva. Cuando nos veían pasar, los campesinos nos saludaban y animaban a Magdalena con su extraña bicicleta, única en nuestra comarca. Ella les devolvía el saludo con una carcajada; probablemente se sentía la reina de la carretera. Yo pedaleaba cerca de ella porque aún era pequeña y me daba miedo que tu-

1 **la furia:** Zorn, Wut. | **protector/a:** beschützend. | 2 **velar por:** wachen über. | 6 **apuntarse:** sich anmelden; hier: mitmachen. | 7 **la compañía:** Begleitung, Gesellschaft (*hacer compañía a alguien:* jdm. Gesellschaft leisten). | 9 f. **suplicar:** anflehen. | 12 **ceder:** nachgeben. | **pedalear:** in die Pedale treten. | 16 **el remolque:** Anhänger. | **repleto/a:** prall gefüllt. | 18 **la vendimia:** Weinlese.

viese un accidente o que, por despiste, se saliese de la calzada.

– ¡Mira, Nani, mira dónde estamos! – gritó Magdalena cuando llegamos a un punto del camino donde se indicaba un desvío.

Lo que le había llamado la atención era el cartel que anunciaba la dirección hacia Malkonektita. Magdalena dijo que le gustaría acercarse un poco más. Y cuando le pregunté por qué, no me respondió y se limitó a mirarme con un gesto de determinación. Así que seguimos por aquella carretera más estrecha que conducía al pueblo de los desconectados, hasta que encontramos el aviso que decía que, a partir de allí, ya no había cobertura. Los dos nos paramos al lado de la carretera, y Magdalena se sacó el *handy* del bolsillo. Enseguida me lo mostró, muy excitada:

– ¡No funciona, es verdad que no funciona!

Aquello era la constatación de lo que le habían contado sus amigos sobre la zona sin cobertura de Malkonektita.

– ¿Te apetece que vayamos? – le pregunté.

Ella me dijo que no hacía falta. Imagino que, a su edad, le daba un poco de temor, pero no lo admitía por vergüenza. Después se quedó muy quieta e hizo algo que, no sé por qué, me desconcertó. Acercó la mano izquierda al *handy* y dio unos golpecitos suaves a la pantalla con sus dedos pegados. No dijo nada y yo tampoco, pero tuve la sensación de que aquel gesto fue como si quisiera realizar un conjuro

1 **el despiste:** Fehler; hier: Unaufmerksamkeit. | 2 **la calzada:** Straße, Fahrbahn. | 10 **la determinación:** Beschluss; hier: Entschlossenheit. | 13 **la cobertura:** Abdeckung; hier: (Netz-)Empfang. | 19 **apetecer** (c>zc) **algo:** auf etwas Lust haben. | 21 **el temor:** Furcht, Angst. | 23 **desconcertar:** durcheinanderbringen, verblüffen. | 26 **el conjuro:** Beschwörung.

mágico; como si ella, por el hecho de tener aquella mano diferente, tuviese poderes que los demás no poseíamos. Cuando vio que no cambiaba nada, me miró con una sonrisa.

Después subimos a nuestras bicis para retomar la carretera que nos llevaría a Tudomaño. Hasta que no estuvimos sentados en un banco de la plaza, al lado de la fuente, Magdalena no volvió a hablar de Malkonektita.

Capítulo cuatro

A veces, cuando pienso en Magdalena y en los hechos que marcaron su vida, confundo las cosas, me hago un lío, e inevitablemente todo se tiñe con su final trágico e inesperado. Además hay unas cuantas piezas importantes del rompecabezas que me faltan y, por eso, nunca podré saber toda la verdad. Observo con tristeza mi galimatías mental y me parece una traición a mi hermana y a su recuerdo.

Algunos acontecimientos, por suerte, me sirven de guía y sobresalen por encima de los demás. Por ejemplo, la primera vez que Magdalena fue con su clase a Malkonektita. Los días anteriores a la visita, no paró de preguntarme cómo era aquel lugar. Yo me burlaba y le decía que no se hiciese ilusiones, que no era nada del otro mundo. Reconozco que, para entonces, las emociones infantiles de mi primera excursión a Malkonektita me quedaban lejos y no me interesaba demasiado el tema. En cambio, Magdalena estaba obsesionada. Me contaba que muchas veces había intentado imaginárselo, y enseguida me daba su visión de los desconectados. A mí me hacía gracia, porque su versión estaba a medio camino entre un cuento de hadas y un sueño, pero no la contradecía; pensaba que no tenía derecho a pisotear

3 **hacerse un lío** (fam.): durcheinander sein (*el lío:* Durcheinander). | 4 **inevitablemente:** unweigerlich. | 5 f. **el rompecabezas:** schwieriges Rätsel; hier: Puzzle. | 7 **el galimatías:** Durcheinander. | 9 **el acontecimiento:** Begebenheit. | 10 **sobresalir:** hervorstechen, sich abheben. | **por encima de:** über. | 20 **me hacía gracia:** ich fand das lustig (*hacer gracia:* lustig/amüsant sein). | 21 **el cuento de hadas:** Märchen (*el hada* [f.]: Fee). | 22 **contradecir:** widersprechen. | **pisotear:** mit Füßen treten.

su fantasía. Al fin y al cabo, para mí, Magdalena era aún una niña pequeña.

Regresó alborozada de la visita, no paraba quieta ni un momento y tenía unas ganas locas de explicar todo lo que había visto. Más tarde, a la hora de la cena, cuando mi padre le preguntó cómo había ido la excursión, fue como si se hubiesen reventado las compuertas de una presa; sus palabras, igual que las aguas desbocadas, borboteaban precipitadamente y sin freno.

– ¿Tú has estado allí, papá? – le preguntó excitada.

Mi padre asintió y admitió que, efectivamente, era un lugar muy peculiar. Pero Magdalena no se conformó; por supuesto, insistió en saber más cosas de las que ya les habían explicado entre la maestra y la guía.

– ¿Cómo es posible que quieran vivir fuera de la Telaraña? – dijo –. ¿No se dan cuenta de que salen perdiendo?

Nuestro padre adoptó un tono más didáctico y le habló de un sistema de vida alternativo, lejos de nuestro mundo digital, con unas prioridades distintas. No sé hasta qué punto Magdalena lo entendió, pero sí me quedó claro que, después de la visita, su fascinación por aquel lugar aumentó.

– Vi a muchos ancianos sentados en la plaza, sin nadie que los cuidara – dijo –. La maestra nos contó que viven to-

1 **al fin y al cabo** (loc.): letzten Endes. | 3 **alborozado/a:** freudig, vergnügt. | 7 **reventar** (e>ie): platzen, bersten. | **la compuerta:** Schleusentor. | **la presa:** Staudamm. | 8 **desbocado/a:** hier etwa: ungebremst, rasant. | **borbotear:** sprudeln. | 8 f. **precipitado/a:** überstürzt, eilig. | 11 **admitir:** zulassen; hier: zugeben. | 12 **peculiar:** besonders; sonderbar. | **conformarse:** sich zufriedengeben. | 16 **salir perdiendo** (fam.): den Kürzeren ziehen. | 17 **adaptar un tono:** einen Ton anschlagen.

dos juntos, pero sin los otros. ¿Cómo lo hacen para subir las escaleras y cosas así, sin ayuda? Porque nosotros no tenemos tanta fuerza como los otros.

La conversación duró un buen rato más, hasta que por fin nuestra madre se hartó y nos pidió que cambiásemos de tema. Yo miraba a Magdalena de reojo, seguro de que ella se hubiese tirado toda la noche comentándonos su vivencia en Malkonektita. Lo que ella no podía saber, desde su perspectiva, era que la existencia de los desconectados era una cuestión que nos inquietaba a todos. Quiero decir que cualquiera que se parase cinco minutos a pensar en Malkonektita llegaba a unas preguntas lógicas para las que difícilmente hallaba respuesta: ¿por qué razón aquella gente había escogido un estilo de vida tan distinto del nuestro? ¿Por qué no querían incorporar las mejoras que procuraban que nuestra existencia fuera más fácil y soportable? ¿Quién tenía razón: ellos, con sus sistemas anticuados y analógicos, o nosotros, que vivíamos con una permanente actualización de nuestras vidas?

Para continuar con mi reconstrucción de los hechos, mi memoria da un salto en el tiempo. Me sitúo en la época en que Magdalena ya era adolescente y yo me había marchado de Barrancos para ir a estudiar a la ciudad. Al principio volvía a casa casi cada fin de semana. Recuerdo que, cuando el

5 **hartarse:** überdrüssig werden. | 6 **mirar a alguien de reojo:** jdn. verstohlen ansehen. | 7 **tirarse** (fam.): (Zeit) verbringen. | **la vivencia:** Erlebnis. | 10 **inquietar:** beunruhigen. | 15 **incorporar:** einbinden, aufnehmen; hier: übernehmen. | **la mejora:** Verbesserung. | **procurar:** dafür sorgen. | 16 **soportable:** erträglich. | 21 **dar un salto:** springen, einen Sprung machen. | **situar:** stellen, platzieren.

tren se alejaba de la costa y se adentraba hacia el interior, miraba por la ventanilla y reconocía los paisajes que me habían visto crecer, y sentía como se me ensanchaba el pecho. El Campo Medio, con sus colinas llenas de olivos y algarrobos, los bosques de pinos, los viñedos, el aire cargado de aromas, y aquella luz más diáfana y brillante que la de la ciudad eran aún mi mundo, y como no lo tenía siempre cerca, me parecía más bello y deseable que nunca.

Fue uno de esos fines de semana, durante el curso, no sé muy bien si en otoño o en invierno, cuando mi madre me dijo que quería hablar conmigo después de comer. A solas. Nos sentamos en la galería que daba al patio trasero de casa, desde donde se veían los bancales llenos de plantas, la glicinia, el manzano y el viejo lavadero que no habíamos utilizado nunca. Ella había dejado la bandeja con las tazas de café y la cafetera encima de un taburete que hacía las veces de mesita. Instintivamente, me saqué el *handy* del bolsillo y tomé una foto de las tazas y la cafetera para subirla a It'sMe; la etiqueté con #MyWeekend. Pero entonces vi que mi madre hacía un gesto con la cabeza como para indicarme que prefería que guardase el *handy*.

– Nani, quería hablarte de Magdalena – inició la conversación –. Hasta ahora no te había dicho nada para no preocuparte. Sé que estás muy ocupado con tus estudios y ... no

1 **adentrarse:** eindringen, vordringen; hier: hineinfahren. | 3 **ensancharse:** sich ausweiten, weit werden. | 4f. **el algarrobo:** Johannisbrotbaum. | 6 **diáfano/a:** klar, durchsichtig. | 8 **más ... que nunca:** mehr ... denn je. | **deseable:** wünschenswert, erstrebenswert. | 11 **a solas:** allein, unter vier Augen. | 12 **la galería:** hier: Veranda. | 13 **el bancal:** Beet. | 13f. **la glicinia:** Glyzinie, Blauregen (robuste Kletterpflanze). | 14 **el lavadero:** Waschküche. | 16 **hacer de:** hier: dienen als.

hay gran cosa que tú puedas hacer, pero creo que ha llegado el momento de que lo sepas.

Aquel extraño preámbulo me dio mala espina. Mi madre nunca hablaba en aquel tono, siempre iba al grano. Por eso la corté y le pregunté a bocajarro qué pasaba con Magdalena.

– Hace tiempo que no se encuentra bien – me explicó –. Empezó con unos dolores de cabeza fuertes, migrañas. Luego se complicó con vómitos y mareos.

Yo escuchaba atentamente lo que me decía, y alguna mueca de inquietud debió de traicionarme, porque mi madre corrió a tranquilizarme:

– No sufras, Nani, tu hermana está más o menos bien. Pero tiene vahídos y nos contó que, a veces, cuando va por la calle, le da miedo desmayarse y caerse al suelo. Por eso preferí llevarla al hospital para hacerle algunas pruebas. Hasta ahora no hemos encontrado nada claro ni un diagnóstico definitivo. Y papá sugirió que hablásemos con el doctor Luti, un psiquiatra que también trabaja en el hospital. Lo conocemos desde hace muchos años, y papá le tiene confianza. Cuando se lo contamos, nos dijo que, si no hay una causa física evidente, es probable que exista una raíz psicológica, que no era nada raro. Nos preguntó un montón

3 **el preámbulo:** Vorrede, Einleitung. | **dar mala espina a alg.** (fam.): jdn. argwöhnisch machen (*la espina:* Dorn, Stachel). | 4 **ir al grano:** zur Sache kommen (*el grano:* Kern). | 5 **cortar a alguien:** jdn. unterbrechen. | **a bocajarro:** geradeheraus, direkt. | 7 **la migraña:** Migräne. | 8 **el vómito:** Übelkeit, Erbrechen. | **el mareo:** Schwindelanfall. | 10 **la mueca:** Grimasse. | **la inquietud:** Unruhe, Beunruhigung. | 13 **el vahído:** Schwindel-/Ohnmachtsanfall. | 14 **desmayarse:** in Ohnmacht fallen. | 15 **la prueba:** hier: Untersuchung. | 16 f. **el diagnóstico:** Diagnose. | 17 **sugerir** (e>ie): hier: vorschlagen, anregen.

de cosas sobre la vida cotidiana de Magdalena; si había cambiado de forma significativa en los últimos tiempos, si había hecho nuevas amistades o si había conocido a alguien que la hubiese impactado de forma especial. Y la verdad es que no se nos ocurrió nada. O tal vez es simplemente que no lo sabemos. Entonces el doctor se quedó un buen rato reflexionando y luego nos miró, pero daba la sensación de que dudaba, como si temiera nuestra reacción. «Dinos lo que tengas que decirnos, Ricardo, para eso hemos venido a consultarte», le animó papá. Entonces nos preguntó si nos habíamos planteado la posibilidad de solicitar una asistencia IA. Nos aseguró que no tenía por qué darnos aprensión de ningún tipo: la presencia de uno de los otros suele aportar un elemento de sosiego y, en situaciones como la de Magdalena, minimizaba el riesgo de cualquier accidente o caída.

Mi madre hizo una pausa y dio un sorbo al café frío.

– Te lo explico, Nani, porque quiero que estés prevenido. Y si cuando hablas con Magdalena ella te saca el tema, quisiera que la apoyaras y, es más, no eches por tierra la idea – me dijo mi madre, a modo de advertencia.

2 **significativo/a:** bedeutsam, bezeichnend. | 4 **impactar:** beeindrucken. | 5 **occurírsele a alguien:** jdm. fällt etwas ein. | 7 **dar la sensación de:** das Gefühl haben/bekommen. | 11 **plantearse:** überdenken. | **solicitar:** beantragen, bitten um. | 11 f. **la asistencia:** Hilfe, Beistand. | 12 **IA:** *la Inteligencia Artificial:* künstliche Intelligenz. | **la aprensión:** Bedenken, Befürchtung. | 13 **soler** (o>ue): normalerweise tun, zu tun pflegen. | 14 **el sosiego:** Gelassenheit, Ruhe. | 15 **minimizar:** minimieren. | 18 **estar prevenido/a:** auf der Hut, vorbereitet sein (*prevenir:* vorbeugen). | 19 **sacar el tema:** das Thema ansprechen, auf das Thema kommen. | 20 **apoyar:** unterstützen. | **echar por tierra la idea:** zunichte machen, verwerfen. | 21 **a modo de:** im Sinne von, als.

–¿Pero es que ya lo habéis solicitado y os lo han concedido? – le pregunté bruscamente.

Mi madre me explicó que, gracias a sus contactos en el hospital, el proceso de adopción había sido mucho más rápido y habían acortado el tiempo de espera, que a veces podía durar meses. Les habían prometido un Actif-8, que era de los mejores modelos de la categoría A. Finalmente, mi madre se me quedó mirando y quiso saber qué pensaba yo.

Aquí quizá valga la pena que haga una pausa para explicar cómo me siento yo con relación a los otros. Me doy cuenta de que mi opinión y mis sentimientos están ligados en gran medida a lo que pasó con Magdalena, pero incluso antes de aquellos sucesos, nunca tuve una relación fácil con ellos. Por ejemplo, mi actual compañero de trabajo, Ramón, es de otra pasta; él se divierte con los otros y es capaz de gastarles bromas y tomarles el pelo, cosa que a los otros no les importa lo más mínimo, claro está.

La cuestión es que, al margen de la tolerancia general que se ha establecido con los años en todos los niveles de la sociedad, hay personas que se sienten absolutamente cómodas con los otros, y las hay que no tanto. Tengo amigos y familiares que afirman que prefieren pasar la tarde en compañía de uno de los otros antes que con una persona de ver-

2 **bruscamente:** plötzlich, abrupt. | 5 **acortar:** verkürzen. | 12 f. **en gran medida** (f.): weitgehend. | 14 **el suceso:** Geschehnis, Vorfall. | 15 f. **ser de otra pasta** (fam.): aus einem anderen Holz geschnitzt sein (*la pasta:* Teig, Brei). | 17 **tomarle el pelo a alguien** (fig.): jdn. auf den Arm nehmen. | 18 **(ni) lo más mínimo:** nicht im Geringsten. | 19 **al margen de:** abseits. | 20 **establecerse:** sich niederlassen, sich einbürgern.

dad. «Al menos no te fastidian, no se impacientan, nunca se enfadan», dicen. Y en eso tienen razón. Porque los otros no sufren ninguna de nuestras imperfecciones, no tienen defectos humanos. Aun así, a mí me intranquilizan, y cuando tengo que estar un rato con ellos, me entra un no sé qué. Hay algo en su modo de actuar, en su lógica, que me irrita; no lo puedo evitar. A veces preferiría que se enfadasen, incluso que me echasen una bronca. En esos casos, al final soy yo el que pierde los estribos, mientras ellos conservan su compostura artificial. Los mataría … Si, por lo que sea, pierdo la paciencia o reniego trabajando con uno de ellos, va y me dice: «No te preocupes, Nani, todo irá bien». Entonces se me llevan los diablos. Sé que esa frase que pretende ser amable me la suelta porque ha leído en mi expresión facial, en mi tono de voz y en mis exabruptos que he entrado en una fase de «desazón», y, por lo tanto, su respuesta ha de ser conciliadora; es lo que los expertos definen como «empatía sintética». El otro suelta un «no te preocupes, Nani» y se queda tan ancho. Quisiera gritarle que no tiene ni idea de

1 **impacientarse:** ungeduldig werden. | 3 **la imperfección:** Unvollkommenheit. | 4 **intranquilizar:** beunruhigen, unruhig machen. | 5 **el no sé qué** (fam.): hier: ungutes Gefühl. | 6 **irritar a alguien:** jdn. reizen/ärgern/stören. | 8 **echar una bronca a alguien:** jdn. zurechtweisen (*la bronca:* Streit; Rüge). | 9 **perder** (e>ie) **los estribos** (fig.): die Nerven verlieren (*el estribo:* Steigbügel). | 10 **la compostura:** Anstand, Haltung. | 11 **renegar** (e>ie): verabscheuen. | 13 **se me llevan los diablos** (fig.): hier etwa: dann werde ich fuchsteufelswild. | 14 **soltar algo** (o>ue): etwas von sich geben. | **la expresión facial:** Gesichtsausdruck. | 15 **el exabrupto:** scharfe Antwort. | 17 **conciliador/a:** versöhnlich, beschwichtigend. | 18 f. **se queda tan ancho:** es macht ihm nichts aus, es berührt ihn nicht. | 19 **no tener idea** (fam.): keine Ahnung haben.

qué significa estar preocupado, que nunca en su vida ha vivido ni un mal revés.

A los diez u once años yo era muy amigo de un vecino que se llamaba Fernando y que vivía en nuestra misma calle. Nos pasábamos horas charlando y jugando a todo tipo de juegos de realidad virtual. Un día, por su cumpleaños, sus padres le regalaron una mascota que estaba muy de moda en aquel tiempo: una ardilla capaz de hacer un montón de cosas. Era más grande que una de verdad, tenía el tamaño de un gatito y se llamaba Ekorn, que significa ›ardilla‹ en noruego, porque las fabricaba una compañía noruega. Fernando se quedó embobado con aquella bestia-bot, y de pronto prefería jugar con Ekorn que conmigo. Pasaba de mí incluso cuando iba a su casa. Él le mandaba cosas difíciles, como saltar o encontrar el camino de salida de un laberinto que le había construido con sillas y cojines, y así se distraía. Una de aquellas tardes en que Fernando se pasó el rato jugando con Ekorn y a mí me había dejado de lado, aproveché cuando mi amigo subió a su habitación para mostrarme una camiseta que su madre le había comprado, y me puse a darle puñetazos y patadas a Ekorn, que permanecía quieta al lado del sofá. Me entró tal rabia que hasta la insultaba en voz baja. Aquella sesión de maltratos debió de durar dos o tres minutos, y Ekorn recibió mis golpes sin quejarse. Cuando Fer-

2 **el mal revés:** Rückschlag, Schicksalsschlag. | 8 **la ardilla:** Eichhörnchen. | 12 **quedarse embobado/a:** staunen, verblüfft sein. | **la bestia-bot:** Abwandlung von *robot* in Bezug auf das Haustier. | 12 f. **de pronto:** auf einmal, plötzlich. | 13 **pasar de:** hier: kein Interesse haben an. | 16 **el cojín:** Kissen. | 18 **dejar de lado:** links liegen lassen. | 21 **el puñetazo:** Faustschlag (*el puño:* Faust). | **la patada:** Fußtritt. | 23 **el maltrato:** Misshandlung.

nando volvió con la camiseta en la mano, me la enseñó, orgulloso. Creo que en la parte delantera tenía impresa la imagen de una de sus películas preferidas, no estoy seguro. El caso es que enseguida me fui a casa con alguna excusa y, cuando estuve en la calle, me paré al lado de un árbol y me puse a temblar de angustia. ¿Cómo era posible que me hubiese ensañado con una pobre bestia indefensa? Yo nunca habría tenido una reacción así con un animal de verdad, un gato, un perro, una ardilla … Es la pasividad artificial de los otros lo que me saca de mis casillas y desata mis peores instintos, y eso me horroriza.

2 **impreso/a:** aufgedruckt (*imprimir:* aus-/aufdrucken, aufprägen). | 7 **ensañarse:** seine Wut auslassen an. | **indefenso/a:** wehrlos. | 10 **sacar a alguien de sus casillas** (fig.): hier: jdn. aus der Haut fahren lassen (*la casilla:* Häuschen). | **desatar:** auslösen, entfesseln. | 11 **horrorizar:** mit Entsetzen erfüllen, entsetzen.

Capítulo cinco

No recuerdo exactamente qué le dije a mi madre aquel día, cuando me contó todo aquello del Actif-8, pero sé que la noticia me dejó turbado. Más tarde, el mismo fin de semana, Magdalena también lo mencionó.

– ¿Sabes?, creo que vamos a adoptar a uno de los otros – me dijo con una sonrisa cautelosa –. Será para cuidarme a mí, ¿eh?

Después sacó su *handy* y me preguntó si quería ver las fotos que ya tenía de él. Le dije que prefería conocerlo en persona, cuando viniese a casa. Magdalena me dijo que seguramente no tardaría mucho, dos o tres semanas a lo sumo.

Quizá fue por eso mismo, pues sabía que pronto encontraría a un extraño en mi hogar, por lo que durante un mes evité volver a casa los fines de semana y preferí quedarme en la ciudad. Un día me llamó mi madre para preguntarme si me pasaba algo y por qué hacía tantos días que no nos veíamos. Yo ya sabía que no me preguntaría directamente si el siguiente fin de semana pensaba ir. Por otro lado, aunque me moría de ganas de saber si ya habían adoptado el Actif-8, tampoco me atreví a preguntárselo.

En cualquier caso, el viernes por la tarde tomé el tren hacia Barrancos. Durante todo el trayecto estuve escuchando música con los auriculares, mientras miraba por la ventanilla. No quería anticiparme ni imaginar qué me iba a encontrar; era como si, ahuyentando los pensamientos, pudiese alterar la realidad que me esperaba.

4 **turbado/a:** verwirrt, beunruhigt. | 7 **cauteloso/a:** vorsichtig. | 12 **a lo sumo:** höchstens. | 23 **el trayecto:** Strecke, Weg. | 25 **anticiparse:** vorgreifen. | 26 **ahuyentar:** verscheuchen, vertreiben. | 27 **alterar:** ändern.

Tan pronto llamé al timbre de casa, bajó Magdalena para abrirme la puerta. Me abrazó y me dio dos besos. Luego me dijo: «Nani, ya está aquí». En vez de hacer algún comentario sobre aquello, le pregunté cómo se encontraba, y me respondió que un poco mejor: tenía menos mareos.

– Ven, que te lo presentaré – me dijo tomándome de la mano para subir las escaleras.

Me llevó hasta su habitación y, antes de entrar, llamó a la puerta, pero no esperó respuesta. Enseguida vi al otro, sentado en la butaca de Magdalena, donde ella solía leer o jugar con su *handy*. En cuanto se dio cuenta de mi presencia, se puso de pie y se quedó muy quieto, a la espera.

– Adam, este es mi hermano, Nani – me presentó Magdalena.

Adam (hasta entonces yo no sabía con qué nombre lo habían bautizado) me alargó la mano y la encajó con la mía. Le dije «hola» y noté su tacto, un poco frío, como cuando saludas a alguien en pleno invierno.

– Hola, Nani, es un placer conocerte – me dijo en un tono correcto y formal.

Para mirarle a la cara, tenía que alzar un poco la cabeza porque, pese a que no soy nada bajo, Adam era más alto que yo. En aquella época los fabricaban todos así. Hoy en día eso ha cambiado; los diseñadores e ingenieros se han dado cuenta de que, para ciertos trabajos y usos, es más práctico

13 **ponerse de pie:** aufstehen. | 17 **alargar la mano:** die Hand ausstrecken (*alargar:* verlängern, ausdehnen). | **encajar:** einfügen, einpassen; hier: hineinschieben. | 18 **el tacto:** Berührung. | 19 **en pleno invierno:** mitten im Winter. | 23 **pese a que:** obwohl. | 25 **el diseñador / la diseñadora:** Designer(in).

y da mejor resultado si los hacen más bajos; en la actualidad, la mayoría de los otros mide entre un metro sesenta y un metro setenta.

¿Cómo era Adam físicamente? Aquel día, el primero en que lo vi, llevaba una camisa clara, creo que azul cielo, unos vaqueros gastados y un cinturón muy ancho con una hebilla metálica con las letras USA. Calzaba unas Nike de color naranja fosforescentes. Me fijé en aquellos detalles porque me parecieron pasados de moda. Muchos de los otros que veía en la ciudad vestían ropa poco vistosa, de color azul marino o gris, botas de media caña con cordones y suelas gruesas, con puntera de acero.

Nuestra primera conversación no duró mucho, pero me bastó para observarlo bien. De entrada, pensé que daba el pego; podríamos decir que, para ser uno de los otros, era apuesto. Fue mi madre, más tarde, cuando estábamos solos en la cocina, quien me dijo entusiasmada que parecía un galán de cine. Y como vio que yo no reaccionaba, me mostró en su *handy* montón de imágenes de actores jóvenes. Mi madre tenía razón, aunque siempre es difícil determinar a qué edad corresponden los otros. Adam tenía los ojos verdes, una nariz pequeña, la boca bien dibujada y el pelo oscuro, peinado con la raya al lado. Mi madre soltó una carca-

5 **azul cielo:** himmelblau. | 6 **gastado/a:** abgetragen. | 6 f. **la hebilla:** Schnalle. | 7 **calzar:** (Schuhe) tragen. | 8 **fosforescente:** phosphoreszierend. | 9 **pasado/a de moda:** altmodisch. | 10 **vistoso/a:** ansehnlich. | 10 f. **azul marino:** marineblau. | 11 **la bota de media caña:** Halbschaftstiefel. | 12 **la puntera:** Schuhspitze. | 14 f. **dar el pego:** täuschend echt aussehen (*el pego:* Täuschung). | 16 **apuesto/a:** gutaussehend. | 18 **el galán de cine:** Filmschauspieler (*el galán:* Liebhaber; galanter Mann). | 20 **determinar:** bestimmen. | 23 **la raya al lado:** Seitenscheitel.

jada y me dijo que era clavado a Tom Cruise, un actor de cine de otra época. Me pregunté por qué habrían escogido como modelo un actor de cine de otros tiempos, pero no dije nada.

Luego, cuando Magdalena y yo estábamos en el patio, haciéndonos selfis para It'sMe (#MyWeekend), me preguntó si quería que llamase a Adam para que estuviéramos los tres juntos. Saliendo al paso de mi desconcierto, le respondí que no. Ella me acarició la mejilla y me preguntó qué me había parecido el otro. Le comenté que se lo veía fuerte, y estuve a punto de mencionar la cuestión de su parecido con un antiguo actor, pero me contuve, porque pensé que igual a Magdalena no le habría gustado. A mucha gente le molesta que se haga referencia a los modelos originales de los otros; algunos lo consideran una falta de tacto.

– Es capaz de subirme al piso de arriba en brazos, como si yo fuera una pluma. ¡Eso me encanta! – me contó ella.

Fue así como conocí a Adam, y a partir de aquel día dejó de ser un Actif-8 anónimo para convertirse cada vez más en Adam, tal como lo habían llamado, con sus particularidades y características que se fueron forjando con el tiempo. Gracias a un proceso de autoaprendizaje programado y

1 **ser clavado/a a alguien:** jdm. sehr ähnlich sehen. | **Cruise:** Tom Cruise (*1962): US-amerikanischer Schauspieler, begann seine Karriere Mitte der 1980er Jahre. | 8 **salir al paso:** sich aus der Affäre ziehen; hier: entgegentreten. | 11 **a punto de:** kurz davor. | **el parecido:** Ähnlichkeit. | 12 **contenerse:** sich zurückhalten. | **igual** (fam.): hier: womöglich, vielleicht. | 14 **hacer referencia** (f.) **a algo:** auf etwas eine Anspielung machen. | 15 **el tacto:** Feingefühl, Taktgefühl. | 20 f. **la particularidad:** Besonderheit, Eigenart (*en particular:* besonders). | 21 **forjarse:** sich aufbauen. | 22 **el autoaprendizaje:** Selbststudium; hier: Selbstlernen.

de retroalimentación, los otros poco a poco construyen una semblanza de personalidad.

Recuerdo que el domingo por la tarde, mientras regresaba en tren a la ciudad, reviví aquel fin de semana en Barrancos y tuve la certeza de que, a partir de aquel momento, nuestro equilibrio familiar se vería alterado por la presencia de Adam. Ya sé que, en tiempos pasados de la historia de la humanidad, cuando las clases acomodadas tenían servicio doméstico formado por hombres y mujeres, los señores trataban a los sirvientes con superioridad y no los consideraban en absoluto como seres iguales, por no hablar de la época de los esclavos. A pesar de eso, suponía que en determinadas situaciones críticas (un desastre natural, una guerra ...) los amos de la casa y los criados compartirían una conciencia humana que les permitiría reaccionar de un modo similar, y las barreras sociales se derrumbarían, aunque solo fuese de manera transitoria. Para mí, es en ese punto donde radica la diferencia fundamental entre nosotros y los otros, donde siento que hay una brecha que nos separa. Da igual que los mejoren hasta límites impensables porque, si llega el día en que tu vida corre peligro y la única ayuda que puedes recibir es la de uno de los otros,

1 **la retroalimentación:** Rückkoppelung. | 2 **la semblanza:** Ähnlichkeit. | 4 **revivir:** noch einmal durchleben. | 5 **la certeza:** Gewissheit. | 6 **alterado/a:** durcheinander, gestört. | 8 **acomodado/a:** wohlhabend. | 10 **el sirviente:** Bedienstete(r), Hausangestellte(r). | **la superioridad:** Überlegenheit. | 11 **el ser:** Wesen. | 13 **el desastre natural:** Naturkatastrophe. | 16 **la barrera social:** soziale Schranke. | 17 **transitorio/a:** vorübergehend. | 18 **radicar:** wurzeln. | 19 **la brecha:** Lücke. | 20 f. **impensable:** undenkbar.

cuando le supliques con los ojos, lo único que encontrarás será una mirada hueca, carente de verdadera compasión humana.

Por otra parte, era evidente que Adam estaba programado para dirigir la mayor parte de su atención hacia Magdalena, pero ello no significaba que la dinámica familiar no se viera afectada por su presencia. Los otros tienen una extraña percepción social, y esto hace que, con ellos, se produzcan momentos incómodos. Al menos yo nunca sé si es mejor ignorarlos por completo o intentar incluirlos un poco en la conversación general. Y Magdalena ... ¿cómo se sintió con Adam en aquella primera fase de su relación? Entonces me era imposible saberlo; los había visto juntos muy brevemente y lo único que podía hacer era especular. No fue hasta más adelante cuando obtuve un testimonio directo de su relación por vía de los audios y las transcripciones de la caja negra de Adam que las autoridades nos entregaron tal como establece la ley, después de la muerte de Magdalena.

Más tarde, con una limpieza completa y una reinstalación del sistema, Adam dejó de ser Adam y volvió a su estado inicial de Actif-8, a la espera de una nueva adopción. Para entonces ya no había nada que pudiese alterar la relación que había mantenido con Magdalena, pero ese material me ha servido para entender y reconstruir, hasta cierto punto,

2 **carente:** frei von, ohne. | **la compasión:** Mitleid. | 14 **especular:** vermuten, spekulieren, grübeln (*la especulación:* Mutmaßung, Spekulation). | 15 **más adelante:** hier: später. | 16 **por vía de:** mittels, durch. | 16 f. **la transcripción:** Abschrift. | 17 **la caja negra:** Black Box. | 18 **tal como:** wie. | **establecer** (c>zc): festlegen, festsetzen. | 20 f. **la reinstalación:** Neustart. | 22 **inicial:** Anfangs…

los hechos que desembocaron en el final de la vida de mi hermana.

A continuación, incluyo la transcripción de aquel primer diálogo que quedó grabado, al igual que el resto de las interacciones que mantuvo Adam con nuestro entorno, durante el período en que vivió adoptado por nuestra familia. Creo que esto ayudará a captar mejor cómo son nuestras relaciones con los otros.

Primera grabación que se encontró dentro de la caja negra del Actif-8 (Adam)

– Hola, soy Magdalena. A ti te hemos bautizado con el nombre de Adam porque creemos que te sienta bien. Espero que te guste.

– Hola, Magdalena. Ya sé que tengo que ocuparme de ti: tengo que hacerte compañía y ayudarte en todo lo que pueda.

– ¡Ay, qué mono! Oye, pero relájate un poco. Conmigo no hace falta que seas tan formal.

– De acuerdo.

– Tengo una curiosidad: antes que a mí, ¿ya habías asistido a alguien más?

– No, tú eres la primera. Vivo desde hace poco tiempo. Espero saber cumplir con mi deber.

(Pausa).

– Adam, ¿a ti qué te gusta hacer?

– De todo y nada.

– ¿Qué significa eso?

1 **desembocar:** einmünden; hier: führen zu. | 4 **al igual que:** ebenso wie. | 7 **captar:** begreifen, verstehen. | 23 **cumplir con algo:** etwas erfüllen.

– Que me gusta hacer cualquier cosa que te guste a ti. Yo sirvo para eso. Te pondré un ejemplo: si a ti no te apetece hacer nada, yo tampoco quiero hacer nada, no necesito hacer nada. No tengo iniciativa propia, y tengo la ventaja de no saber qué es el aburrimiento. Si tú tienes ganas de bailar tres horas seguidas, yo también bailaré; en cambio, si quieres pasarte toda una mañana de domingo holgazaneando en la cama, yo estaré cerca, pero esperaré hasta que te levantes y me digas qué quieres hacer. Soy muy paciente, ¿sabes?

(Pausa).

– ¿Y no te enfadarás nunca conmigo?

– No, no puedo enfadarme contigo.

– ¿Por qué no?

– Porque no lo tengo en mi repertorio de funciones.

– Pero, si quisieras, sí que podrías, ¿verdad? Quiero decir, si yo te lo pidiese.

– Depende … depende de qué me pidieras.

(Pausa).

– Si yo pidiese que me insultaras, por ejemplo, ¿lo harías?

– No, tampoco puedo hacerlo.

– ¡Ay, qué bien! ¡Eres la mar de simpático!

(Pausa).

– Adam, mírame.

(Pausa larga).

– Ya te he mirado.

– ¿Qué te parezco?

5 **el aburrimiento:** Langeweile. | 5 f. **tres horas seguidas:** drei Stunden lang. | 7 **holgazanear:** faulenzen. | 9 **paciente:** geduldig. | 14 **el repertorio:** Repertoir. | 17 **depende:** es kommt darauf an. | 21 **ser la mar de simpático/a:** äußerst sympathisch sein (*la mar de* [fig.]: in Hülle und Fülle). | 26 **¿Qué te parezco?:** Wie findest du mich?

– ¿A qué te refieres?

– Pues eso, a que si me encuentras guapa …

– Sí, muy guapa.

– ¿Resulto atractiva?

– ¿Para quién?

– ¿Qué?

– Permíteme que sea más específico. «Atractivo» significa ‹que tiene el poder de atraer›. Y yo te pregunto para quién quieres saber si resultas atractiva. Porque no es lo mismo si se trata de un chico o una chica de tu edad, de tus profesores, de tus padres, de tus vecinos, etcétera.

– ¿A ti te resulto atractiva?

– Guapa sí, como apreciación estética. Atractiva no, porque no me puedes atraer así como un imán atrae las limaduras de hierro. ¿Lo entiendes?

(Pausa).

– Qué pena …

– Magdalena, piensa que mi opinión no tiene ningún valor: mis parámetros de cálculo en ese ámbito son muy limitados y, por lo tanto, no son significativos bajo ningún concepto.

(Pausa).

– ¿Ves mi mano izquierda? ¿Te parece fea?

– Es tu mano izquierda. Magdalena, tú tienes esta particularidad: tu mano izquierda no es igual que tu mano derecha. Esa es la diferencia.

– ¿Y te parece mal?

7 **específico/a:** spezifisch, genau. | 13 **la apreciación:** Einschätzung, Wahrnehmung. | **estético/a:** ästhetisch. | 14 **el imán:** Magnet. | 14 f. **la limadura:** Feilspäne. | 19 **el parámetro de cálculo** (m.): Berechnungsparameter. | 20 **significativo/a:** bedeutsam. | **bajo ningún concepto** (fig.): keineswegs, unter keinen Umständen.

– No, ni mal ni bien, simplemente es así.

(Pausa larga).

– Adam, ¿tú me obedecerás siempre?

– Siempre que pueda.

– ¿Y cuándo no podrías?

– Si tú me pidieses que pusiera en peligro tu vida, entonces haría lo que fuera para evitarte cualquier riesgo. Esta es mi misión.

– Eres un poco serio, ¿no? ¿Te gustaría que te contara un chiste?

– Si quieres …

– ¿Qué le dijo el cuchillo a la gelatina? «¡No tiembles, cobarde!». Ja, ja, ja … ¿Te ha hecho gracia?

– No, porque no lo he entendido. Me falta contexto cognitivo o simbólico.

– Jolines, Adam, no hace falta tanto rollo para entender un chiste que es para críos. Venga, no te preocupes, con el tiempo ya aprenderás. Lo primordial es que me caes bien.

– Me alegro, Magdalena.

– ¿Lo dices de verdad?

– Claro, yo no puedo mentir.

– Mira, ahora descansa un ratito, que para ser el primer día ya te he dado bastante la paliza.

– De acuerdo, pues descanso.

6 **poner en peligro** (m.): einer Gefahr aussetzen, in Gefahr bringen. | 7 **evitar algo a alguien:** etwas von jdm. abwenden. | 8 **la misión:** Auftrag. | 12 **la gelatina:** Sülze, Wackelpudding. | 16 **¡jolines!** (fam.): verdammt noch mal! | **no hace falta tanto rollo** (fam.): man muss kein Genie sein. | 17 **el crío / la cría:** Kleinkind. | **¡Venga!:** Auf geht's! Los! | 18 **lo primordial:** Hauptsache. | **caer bien a alguien:** jdn. sympatisch finden. | 23 **dar la paliza:** anstrengend sein (*la paliza:* Anstrengung, Prügel).

Capítulo seis

En aquella época, coincidiendo con la llegada de Adam a casa, fue cuando mi vida entró en una etapa convulsa y, por esa razón, mis preocupaciones por Magdalena y mi familia pasaron a un segundo plano. Lo único que me importaba entonces era yo y mis circunstancias.

En mis estudios universitarios me había distinguido con unas notas brillantes y eso se traducía en un *profiling* muy marcado, del cual era prácticamente imposible escapar: si eras bueno en lo que hacías, debías continuar por ese camino y, a cambio, obtenías todo tipo de ayudas y privilegios. Si he de ser sincero, tampoco tenía ninguna intención de rechazar las ventajas académicas que aquello suponía. Me había convertido en uno de los «niños mimados» de nuestra facultad.

Mi campo era la geoingeniería, que, tal como la definía la Royal Society, trata de «la manipulación intencionada a gran escala del clima planetario para contrarrestar el calentamiento global». Por fin parecía que las tesis antago-

3 **convulso/a:** zitternd, zuckend; hier: unruhig. | 5 **pasar a un segundo plano:** in den Hintergrund treten. | **importar a alguien:** wichtig sein. | 7 **distinguirse:** sich hervortun/profilieren. | 8 **traducirse** (c>zc) **en algo:** etwas zum Ausdruck bringen. | 9 **marcado/a:** deutlich, nachdrücklich. | 11 **a cambio** (m.): dafür, als Gegenleistung. | 12 **si he de ser sincero:** um ehrlich zu sein, ehrlich gesagt. | 14 **el niño mimado / la niña mimada:** Liebling (*mimado/a:* verhätschelt). | 16 **la geoingeniería:** Geoingenieurswesen. | **tal como:** so wie. | 17 **Royal Society:** Vereinigung der weltweit besten Wissenschaftler. | **la manipulación:** Handhabung, Verarbeitung. | **intencionado/a:** beabsichtigt. | 18 **a gran escala:** in großem Umfang. | **contrarrestar:** aufhalten, entgegenwirken. | 19 **el calentamiento:** Erwärmung. | **la tesis:** These. | 19 f. **antagonisto/a:** gegnerisch.

nistas que se solían esgrimir en contra de la geoingeniería se habían eclipsado, y muchos Gobiernos, corporaciones y mecenas privados volcaban cada vez más dinero en ella.

Admito que mi atracción hacia ese campo científico tenía más que ver con el reto de solucionar problemas concretos que con un anhelo altruista de salvar el mundo y evitar su destrucción, pero, de cara a la galería, yo sabía cumplir el papel de guardián de los intereses del planeta.

Dentro de la geoingeniería, mi verdadera pasión era la gestión de la radiación solar (GRS), en especial en el apartado de la siembra de nubes. Cuando estudiábamos de qué forma podíamos controlar el tiempo meteorológico, a mí se me caía la baba, me sentía como un aprendiz de brujo capaz de conjurar lluvias, temporales, rayos y truenos, grandes nevadas ... En épocas anteriores, la siembra de nubes se había practicado con generadores desde tierra, pero cada vez más se optaba por hacerlo desde aviones y cohetes. ¿Y qué era lo que se sembraba con esa técnica que parecía más propia de dioses que de seres humanos? Las sustancias quími-

1 **esgrimir:** anführen, ins Spiel bringen. | 2 **eclipsarse:** verschwinden. | **la corporación:** Kommune, Körperschaft. | 3 **el/la mecenas:** Gönner(in), Mäzen(in). | **volcar** (o>ue): kippen, schütten. | 5 **el reto:** Herausforderung. | 6 **altruista:** selbstlos, uneigennützig. | 7 **de cara** (f.) **a la galería:** in der Öffentlichkeit, vor Publikum. | 7 f. **cumplir un papel:** eine Rolle spielen. | 8 **el guardián / la guardiana:** Hüter(in), Wächter(in). | 10 **la gestión de la radiación solar (GRS):** Management der Sonnen(ein)strahlung. | 10 f. **el apartado:** Bereich. | 11 **la siembra de nubes** (f. pl.): Wolkenimpfen, Cloud Seeding (*la siembra:* Aussaat, Säen). | 13 **caerse la baba** (fam.): hin und weg sein (*la baba:* Sabber). | **el aprendiz de brujo** (m.): Zauberlehrling. | 14 **conjurar:** beschwören, bannen; hier: herzaubern. | 16 **el generador:** Generator. | 17 **optar por:** wählen, sich entscheiden für.

cas más comunes incluían el yoduro de plata y el hielo seco (dióxido de carbono sólido), pero también se habían popularizado materiales higroscópicos como la sal, que absorbe rápidamente la humedad atmosférica. Esta forma de siembra es efectiva para alterar la estructura de las nubes y su medida, ya que convierte el agua líquida superenfriada en partículas de hielo. En invierno hay evidencias estadísticas de un incremento del 10 % en la precipitación de nieve. Una de las cosas que se consigue con eso es un aumento considerable del albedo: la capacidad de reflexión global, en este caso, en la superficie de la tierra. De hecho, todos, a nuestra manera, hemos experimentado este fenómeno más de una vez, cuando en invierno caminamos por un paisaje nevado y nos damos cuenta de que la luz, refulgente, nos deslumbra porque rebota en la nieve.

Sea como sea, a mí me encantaba pensar que un día podría decir «soy sembrador de nubes», de la misma forma que el campesino dice con orgullo «soy sembrador de arroz o de patatas». Así pues, gracias a mis buenas aptitudes, tuve acceso a programas especiales, a grupos reducidos, a semi-

1 **el yoduro de plata** (f.): Silberjodid. | 2 **el carbono sólido:** fester Kohlenstoff. | 2 f. **popularizarse:** populär werden. | 3 **higroscópico/a:** feuchtigkeitsempfindlich. | **absorber:** aufsaugen, absorbieren. | 6 **superenfriado/a:** extrem gekühlt. | 7 **la partícula:** Teilchen, Partikel. | **la evidencia:** Offensichtlichkeit; hier: Beweis. | 8 **el incremento:** Zunahme, Steigerung, Erhöhung. | **la precipitación:** Niederschlag. | 9 f. **considerable:** beträchtlich. | 10 **el albedo:** Albedo (lat. *albus:* weiß; Rückstrahlungsvermögen von nicht selbstleuchtenden, diffus reflektierenden Oberflächen [z. B. Schnee, Eis]). | 14 **refulgente:** leuchtend, strahlend. | 14 f. **deslumbrar:** blenden. | 15 **rebotar:** abprallen. | 16 **sea como sea:** sei es, wie es ist. | 17 **el sembrador / la sembradora:** Säer(in). | 19 **la aptitud:** Fähigkeit, Qualität.

narios intensivos, a prácticas de simulación y, lo que era aún mejor, a labores de campo en condiciones reales.

Fue a raíz de esa parcela de mis estudios como conocí a ... He estado a punto de mencionar su nombre, pero solo de pensar en ella, en todos los recuerdos que aún conservo, entro en una especie de cortocircuito, me siento indefenso, gelatinoso, como un flan. Además, si abro esa cuestión, me veo obligado a revisar mi archivo sentimental para establecer qué tipo de relaciones había tenido hasta entonces con las chicas de mi edad y cuáles habían sido mis experiencias. Digamos que nunca he sido muy lanzado y que el tema amoroso siempre lo he vivido con una cierta prevención. Quizá se deba a que lo encuentro complicado, difícil de controlar, e intuyo que se me puede ir de las manos con facilidad. En fin, dejémoslo en que mi trayectoria amorosa había sido más bien limitada.

Durante aquel curso nos anunciaron que trabajaríamos con una de las expertas más prominentes del momento en la siembra de nubes: Nadia De Neef. Se decía que ella había estudiado con el mítico ingeniero Alfred D. Gross, que de joven había participado en el experimento con láser infrarrojo dirigido directamente sobre el aire de Berlín; con ello demostraron que los rayos láser podían estimular el

2 **la labor de campo** (m.): Feldarbeit. | 3 **a raíz** (f.) **de:** als Folge von. | **la parcela:** Teil, Abschnitt. | 6 **el cortocircuito:** Kurzschluss. | **indefenso/a:** wehrlos. | 7 **gelatinoso/a:** hier: wackelig, mit weichen Knien. | **el flan:** Flan (spanischer Karamellpudding). | **la cuestión:** hier: Angelegenheit. | 11 **lanzado/a:** entschlossen, ungestüm, wild. | 12 **amoroso/a:** Liebes... | **la prevención:** Vorkehrung; hier: Vorsicht. | 14 **intuir:** ahnen, das Gefühl haben. | **irse de las manos:** über etwas die Kontrolle verlieren. | 14 f. **con facilidad:** leicht. | 16 **limitado/a:** begrenzt. | 23 **el rayo láser:** Laserstrahl. | **estimular:** anregen, erregen.

dióxido de azufre de la atmósfera y el dióxido de nitrógeno para formar partículas que, a su vez, actuarían como semillas en el proceso de la siembra de nubes. En fin, los rumores acerca de nuestra nueva profesora provocaron una ola de expectativas y especulaciones.

Entonces, un buen día, los miembros de mi grupo recibimos un mensaje en el *handy* en el que se nos decía: «Queridos alumnos, si queréis ser sembradores de nubes, no vais a aprender nunca sentados en un aula de la facultad». A continuación, se nos convocaba en un pequeño aeródromo, y aparecía un enlace con la localización. Para acabar, se incluía una última frase que quizá pretendía ser graciosa: «Si volar os da miedo, no vale la pena que vengáis, y si llegáis tarde tampoco, porque os quedaréis en tierra». El mensaje iba firmado con el nombre de Nadia De Neef.

¿Cómo era ella? Muy joven, debía de tener veinticinco o veintiséis años, es decir, apenas seis o siete años mayor que yo. Recuerdo perfectamente la primera vez que la vi. Hacía frío. Una furgoneta de la universidad nos había conducido al aeródromo Benjamin Pinkel, que quedaba a unos quince o veinte kilómetros de la ciudad y presentaba esa apariencia llana y estéril característica de todo campo de aviación. Nosotros, los alumnos, íbamos un poco desorientados. Alguien

1 **el dióxido de azufre** (m.): Schwefeldioxid. | **el dióxido de nitrógeno** (m.): Stickstoffdioxid. | 2 **a su vez** (f.): seinerseits, ihrerseits. | 2 f. **la semilla:** Samenkorn. | 3 f. **el rumor:** Gerücht. | 10 **convocar:** zusammenrufen. | **el aeródromo:** Flugplatz. | 11 **la localización:** Standort. | 20 **Pinkel:** Benjamin Pinkel (1909–92): US-amerikanischer Flugzeugingenieur. | **quedar a:** hier: entfernt sein. | 21 **la apariencia:** Aussehen. | 22 **estéril:** steril. | **el campo de aviación** (f.): Flugfeld.

nos dijo que la profesora De Neef ya nos estaba esperando en la pista, y que más valía que nos diéramos prisa. Salimos al exterior, y el aire gélido nos encogió. Enseguida vimos a una mujer joven que nos saludaba agitando los brazos en el aire, como si ayudase a un avión en un aterrizaje forzoso; era Nadia. Nos acercamos. Ella nos dio la bienvenida y nos preguntó si estábamos dispuestos a volar. Le dijimos que sí, que teníamos muchas ganas. Como el avión era pequeño (un seis plazas), tuvimos que formar dos grupos. Yo pensaba esperar al segundo turno, pero Nadia, que nos iba señalando con el dedo, me metió en el primero. Asentí con la cabeza.

El avión era un New Cessna 210, inspirado en los míticos Cessna de otra época, y solo disponía de un motor. Pegados a los flancos del aparato, había unos cañones que escupirían las sustancias químicas para la siembra, pero, vistos así, provocaban un cierto recelo, pues parecían armas mortíferas. Nadia tenía una carpeta rígida en la mano con una hoja de papel sujeta con una pinza metálica.

– No quiero que nadie se maree. Los sembradores no pueden ser débiles de cuerpo ni de espíritu – nos advirtió.

Entonces nos dimos cuenta de que no había ningún otro piloto, y dedujimos que sería la misma Nadia quien

2 **la pista:** hier: Landebahn. | **vale más:** es wäre besser. | 3 **gélido/a:** eiskalt. | **encoger** (g>j): schrumpfen; hier etwa: sich zusammenkauern. | 4 **agitar:** hin und her bewegen. | 5 **el aterrizaje forzoso:** Notlandung. | 8 f. **el seis plazas** (f. pl.): Sechssitzer. | 10 f. **señalar con el dedo:** mit dem Finger zeigen. | 14 **el flanco:** Seite, Flanke. | **el cañón:** Kanone, Geschütz. | **escupir:** ausspucken. | 16 **el recelo:** Misstrauen. | 16 f. **mortífero/a:** tödlich, todbringend. | 17 **rígido/a:** steif. | 18 **sujeto/a:** befestigt. | 22 **deducir** (c>zc) **que:** (daraus) schließen, dass. | **la misma Nadia:** Nadia selbst.

pilotaría la avioneta. Para aquel tipo de misión, el pilotaje automático no funcionaba. Nerviosos, formamos una fila, preparados para montar en el aparato. Nadia nos fue preguntando nuestros nombres y los confrontaba con la lista de participantes. Cuando llegó mi turno, la miré y ella me devolvió la mirada. Tenía los ojos oscuros, la nariz y la boca grandes. Llevaba el pelo rapado a ambos lados de la cabeza y una pequeña cresta sobre la frente. Vestía una chaqueta gruesa de cuero con el cuello de borreguillo, pantalones militares y botas de soldado.

– ¿Nombre? – me preguntó.

– Nani.

– ¿Nani qué?

– Nani … Nani – le respondí yo.

Volvió a mirarme. Luego me sonrió, con aquella boca grande.

– Pues venga, sube, Nani – me ordenó.

Aquella fue la primera vez que sembré nubes de verdad. El mismo día que conocí a Nadia.

Esa noche Armengol, con quien compartía piso, alzó la vista de su *handy* y me dijo:

– La tía esa es superrara, ¿no te parece?

Estábamos sentados en el comedor. Armengol estudiaba

1 **pilotar:** Flugzeug steuern. | **la avioneta:** Leichtflugzeug. | 1 f. **el pilotaje automático:** Autopilot. | 4 **confrontar con:** vergleichen mit. | 7 **rapar:** kahl scheren. | 8 **la cresta:** Schopf. | **vestir** (e>i): (Kleidung) tragen. | 9 **el borreguillo:** hier: Lammfell (*el borrego:* ein- bis zweijähriges Lamm). | 20 **Armengol:** katalanischer Familienname. | 22 **la tía** (fam.): hier: Frau, Tussi. | **superraro/a:** sehr komisch. | **¿No te parece?:** Findest du nicht?

lo mismo que yo y también era del Campo Medio, pero no de Barrancos, sino de un pueblo más pequeño, Roderas. Nos unía, por tanto, el hecho de ser de la misma comarca, y en la gran ciudad nos apoyábamos el uno en el otro. Era muy listo, aunque bastante bruto. Pese a que nuestra manera de ver el mundo a menudo no coincidía, sentíamos que proveníamos de tribus vecinas, y eso era importante.

Aunque yo ya intuía de qué hablaba, le pregunté:

– ¿A qué tía te refieres?

– A la abeja voladora … De Fees …

– Querrás decir De Neef.

– Sí, eso, como se llame.

Le pregunté a qué se refería exactamente para afirmar aquello. Armengol dio un sorbo de su lata de cerveza y se rio.

– ¡Es evidente, hombre! Va del palo … de tía chula, todo pose, con la chaqueta de cuero, las botas, el pelo como un soldado, y esa nariz …

– Ah, ¿por la nariz sabes que una tía es rara? – me burlé.

– Bueno, es un elemento más que se suma al conjunto. Aunque a mí qué. Como si es vampira. Al menos parece buena profe. ¿Te has fijado con qué pasión explicaba lo que teníamos que hacer? No como el carroza del Longuis, que

5 **listo/a:** schlau, klug. | 10 **volador/a:** fliegend. | 12 **como se llame:** hier: wie auch immer sie/er heißt. | 16 **¡hombre!** (fam.): Mensch! Mann! | **ir del palo** (fam.): einen bestimmten Stil vorgeben / darstellen wollen (*el palo:* Stab, Stock). | 16 f. **todo pose** (fam.): alles Fassade. | 21 **sumarse al conjunto:** zum Ganzen hinzufügen. | 22 **a mí qué** (fam.): was geht es mich an? | **como si** (fam.): und wenn. | 24 **el/la carroza** (pey.; fam.): Ewiggestrige(r) (*la carroza:* Karosse).

ni sabe de qué habla. Total, que si la Narizotas es estrambótica, es su problema.

–¿Problema?

–¡Ay, Nani, no seas pesado! ¡Ya me has entendido! Después, cada cual volvió a su *handy* y nos centramos en las novedades que nuestros amigos habían subido a It'sMe y que aún no habíamos podido comentar.

Sin embargo, en los días siguientes los comentarios de Armengol me volvieron a la cabeza y despertaron el gusanillo de mi curiosidad. Nadia De Neef resultó ser una de nuestros profesores de aquel curso también en el ámbito teórico, así que, cuando se presentaba en clase, yo me fijaba en ella e intentaba sacar conclusiones. Ya no se presentaba vestida de militar ni se mostraba en plan chulo, como la había calificado Armengol, sino que llevaba vaqueros negros, zapatillas deportivas y camisetas con algún dibujo o un texto. Recuerdo especialmente una camiseta, porque en ella se veían unas gafas redondas y debajo ponía: «*If you look at me, look at me, don't pretend you don't*». Reconozco que me llamaba la atención y, por supuesto, me fijaba en ella físicamente. Era guapa, no cabía duda, pero mi inspección siempre se detenía en su nariz, aquella nariz con personalidad que, según Armengol, era una de las características de su rareza. Quién sabe ... Tal vez sin aquel comentario inicial de mi compañero de piso no me hubiese fijado tanto en Na-

1 **la Narizotas** (fam.): Mensch mit einer großen Nase. | 1 f. **estrambótico/a:** sonderbar. | 5 **centrarse:** sich konzentrieren. | 9 f. **el gusanillo** (dim. von *el gusano*): Würmchen. | 13 **sacar conclusiones** (f. pl.): Schlüsse ziehen. | 21 **no caben dudas** (f. pl.): es besteht kein Zweifel. | **la inspección:** Überprüfung, Inspektion. | 24 **la rareza:** Eigenartigkeit, Sonderbarkeit.

dia, intentando averiguar todo el tiempo si su comportamiento en clase tenía algo de particular o anómalo.

¡Qué extrañas son nuestras obsesiones!

Un día estábamos en clase estudiando la temperatura de diversos cuerpos expuestos a una fuente de radiación, y cómo el albedo influía en esta temperatura e incluso podía modificarla. Era complicado porque había que tener en cuenta muchos factores y calcular un montón de porcentajes. Normalmente ese tipo de retos me estimulaba y no me importaba estar rodeado de números, haciendo mis cálculos. Pero en esa ocasión no me concentraba; perdía el hilo de mis propios razonamientos y me equivocaba en las operaciones matemáticas. De repente noté una presencia detrás de mí, y cuando me di la vuelta, vi que se trataba de Nadia. No dije nada y miré fijamente la pantalla de mi portátil. Ella no se movía ni tampoco decía nada. Y yo, cada vez más pendiente de ella, cada vez más perdido, incapaz de resolver cualquier operación, por sencilla que fuese. De pronto su mano se posó encima de mi mano derecha, la que controlaba el ratón del ordenador. Sentí la tibieza del contacto, su olor. Nunca había tenido a Nadia tan cerca. Desprendía un perfume fuerte, quizá de sándalo.

2 **anómalo/a:** merkwürdig. | 3 **la obsesión:** Besessenheit, fixe Idee, Leidenschaft. | 6 **influir en algo:** hier: auf etwas einwirken. | 7 f. **tener en cuenta** (f.): bedenken, in Betracht ziehen. | 10 **rodeado/a:** umgeben. | 12 **el razonamiento:** Gedankengang, Überlegung. | 14 **darse la vuelta:** sich umdrehen. | 15 **el portátil:** Laptop (*portátil:* tragbar). | 17 **estar pendiente de alg.:** sich um jdn. kümmern; hier: mit jdm. beschäftigt sein. | **incapaz:** unfähig. | 19 **posarse en algo:** leicht auf etwas legen. | 20 **la tibieza:** Lauheit, lauwarme Temperatur (*tibio/a:* lauwarm). | 21 **desprender:** ausströmen. | 22 **el sándalo:** Sandelholz.

– ¿Qué pasa, Nani, no te las apañas? – me preguntó, sin retirar la mano.

Balbuceé algo, que no entendí ni yo mismo. A continuación, Nadia hizo mover el cursor, utilizando mi mano como si fuese el ratón que había debajo. Con la flechita iba de un lado al otro de la pantalla, señalando esto y aquello, mientras me explicaba de qué forma lo tenía que calcular. Yo callaba como un muerto y, pese a que intentaba seguir sus explicaciones, lo único que notaba era el tacto suave de su mano encima de la mía y aquel fuerte perfume. Antes de que ella alzara la mano y se alejara de mi lado, me fijé en el anillo que llevaba en el dedo índice. Era un sello de oro con la imagen de un compás abierto, una G mayúscula en medio y una escuadra que cerraba el conjunto por debajo.

Aún tardaría un tiempo en averiguar qué era aquel símbolo y de dónde había sacado el anillo. Sería la misma Nadia quien me lo contaría más adelante, en un momento de intimidad en su casa: lo había heredado de su bisabuelo, el notario Willem De Neef, un francmasón convencido y bastante influyente en su época. Aquel día, sin embargo, el del primer contacto con la mano de Nadia, lo único que descubrí fue que me hubiese gustado retener el tacto de su mano sobre la mía y su perfume a mi alrededor.

1 **apañarse:** zurechtkommen. | 2 **retirar:** zurückziehen, wegnehmen. | 3 **balbucear:** stammeln, stottern. | 5 **la flechita** (dim.): kleiner Pfeil; hier: Mauszeiger (*la flecha:* Pfeil). | 12 **el dedo índice:** Zeigefinger. | **el sello:** hier: Siegel. | 13 **mayúsculo/a:** groß, riesig; hier: groß geschrieben. | 14 **la escuadra:** Zeichendreieck; hier: Winkelmaß. | **por debajo:** unten. | 18 **el bisabuelo / la bisabuela:** Urgroßvater/-mutter. | 19 **el francmasón:** Freimaurer. | 20 **influyente:** einflussreich.

Capítulo siete

Enseguida intuí que mi relación con Nadia iba a ser complicada y que complicaría también mi vida. Entonces, igual que ahora, las relaciones personales eran un asunto complejo, con un montón de reglas establecidas, y otras que no estaban escritas en ninguna parte, pero que, a pesar de todo, regían y constreñían nuestra existencia. Por norma, cuando quería abordar una nueva relación solía ir con pies de plomo y, al final, eso me acababa paralizando y no me permitía el más mínimo gesto espontáneo. El temor de ser malinterpretado se asemejaba al que sentía por el hombre del saco cuando era pequeño.

He aquí mi caso: si Nadia y yo queríamos estar juntos, nadie nos lo impediría; entre otras cosas porque yo ya era mayor de edad y, además, no estaba prohibido. Aun así, dentro del mundo académico, que un docente se liara con un alumno en una relación sentimental continuaba sin estar bien visto. Ese lazo afectivo podía acabar manchando la reputación del profesor o profesora y, tarde o temprano, era posible que eso acarreara la pérdida de su puesto de trabajo.

3 **complicar:** erschweren, verkomplizieren. | 4 f. **complejo/a:** vielschichtig, kompliziert, schwierig. | 5 **establecer:** festlegen, festsetzen. | 7 **por norma** (f.): in der Regel. | 8 **abordar:** angehen, in Angriff nehmen. | 8 f. **ir con pies de plomo** (fig.): sehr vorsichtig sein (*el plomo:* Blei). | 9 **paralizar:** lähmen. | 11 **malinterpretar:** missverstehen. | **asemejarse:** ähneln, ähnlich sein. | 11 f. **el hombre del saco** (fig.): Buhmann. | 15 **mayor de edad:** volljährig. | 16 **el/la docente:** Dozent(in), Lehrer(in). | **liarse con:** sich einlassen mit, eine Affäre haben mit. | 18 **el lazo afectivo:** emotionale Bindung. | 19 **tarde o temprano:** früher oder später. | 20 **acarrear:** verursachen. | **la pérdida:** Verlust. | **el puesto de trabajo** (m.): Arbeitsstelle.

Lo que descubrí fue que Nadia no solo tenía pinta de rebelde independiente, sino que poseía ese espíritu y lo practicaba; no le importaban los convencionalismos sociales. Los dos en su casa, un poco de música de guitarra brasileña de fondo. Ella me acariciaba el brazo, lentamente, a la vez que me miraba. Me sonreía y no decía nada. Así pasábamos el rato.

¿De qué está hecha la calidez amorosa? No lo sé. ¿Cuánto tiempo puede durar? Desde luego, en aquel entonces yo no tenía ni idea, lo único que sabía era que, al lado de Nadia, me sentía completamente magnetizado.

Con el único con el que me sinceré fue con Armengol, no solo porque hubiera resultado difícil esconderle lo que pasaba en mi vida, sino porque él lo notó enseguida. Cuando se lo conté, negó con la cabeza y se llevó un dedo a la frente en un gesto de «tú estás loco».

– Te ha picado la abeja voladora, ¿eh?

Yo me reí.

Por lo demás, Nadia y yo lo llevábamos tan en secreto como podíamos. A mí me fascinaba su capacidad de adoptar un papel tan distinto en la esfera pública y en la privada. Cualquiera que nos hubiese visto en la facultad como profesora y alumno jamás habría sospechado nada. Después de aquel primer día en que Nadia me había tomado la mano derecha delante del ordenador, nunca más tuvimos contacto físico en público. A veces incluso me trataba con una

1 **tener pinta de** (fam.): aussehen wie. | 1 f. **el/la rebelde:** Rebell(in). | 3 **el convencionalismo:** Konventionalismus. | 6 **pasar el rato:** (sich) die Zeit vertreiben. | 7 **la calidez:** Wärme. | 8 **en aquel entonces:** damals. | 10 **magnetizado/a:** verzaubert. | 18 **llevar algo en secreto:** etwas geheim halten. | 20 **la esfera:** Sphäre, Bereich. | 25 f. **tratar a alg. con displicencia** (f.): jdn. barsch/unfreundlich behandeln (*la displicencia:* Unfreundlichkeit, Missmut).

cierta displicencia, como si yo fuese ese alumno un poco justito con quien no vale la pena perder demasiado tiempo. A veces, cuando estábamos a solas, le preguntaba cómo podía ser tan borde conmigo, y ella se partía de risa, me abrazaba y me decía: «¡Ay, pobrecito, mi niño, que se siente ofendido!». Y quizá sí que me sentía un poco humillado, porque yo no tenía esa capacidad camaleónica de Nadia que le permitía representar papeles distintos según la situación en la que se encontraba.

Y un tiempo más tarde, como había intuido, las cosas se complicaron. Las primeras alarmas se me dispararon cuando recibí algunos mensajes en It'sMe: «Eh, Nani, ¿dónde te escondes últimamente?», «Comparte tus momentos en tu *storyline* con los demás, tío», «¿Todo bien, Nani?», «No nos tengas en ascuas» ... Aquellos mensajes procedían de mi círculo de amigos, que reaccionaban con sorpresa porque hacía días que no subía fotos ni información a las plataformas de la Telaraña. No me dieron miedo porque sabía quién había detrás. Sin embargo, luego empezaron a aparecer otros mensajes, más siniestros, que se generaban automáticamente cuando It'sMe detectaba una falta de información de tu vida privada: «Nani, ¿dónde te escondes?», «Nani, ¿tienes un secreto que no quieres compartir?», «Nani, ya

2 **justito** (fam.): knapp; hier: wenig intelligent. | 4 **borde:** dumm; hier: unhöflich. | **partirse de risa** (fam.): sich vor Lachen biegen (*partirse:* zerbrechen). | 5 **pobrecito/a** (dim.): du Armer. | 6 **humillado/a:** gedemütigt. | 7 **camaleónico/a:** unbeständig (*el camaleón:* Chamäleon). | 11 **disparar la alarma:** einen Alarm auslösen. | 15 **tener a alguien en ascuas** (fig.): jdn. zappeln lassen (*la ascua:* Glut). | **proceder de:** stammen aus, kommen aus. | 20 **siniestro/a:** böse, unheilvoll. | **generar:** erzeugen, generieren. | 21 **detectar:** entdecken.

conoces el dicho: una *storyline* vacía es como una despensa mal abastecida», «Tarde o temprano esto te puede ocasionar consecuencias en tu presente o, lo que es peor, en tu futuro» …

No eran amenazas, pero casi. Y cada vez que leía uno de aquellos mensajes en mi *handy*, tenía la sensación de que una alimaña me roía las tripas. Finalmente, decidí contárselo a Nadia. Ella tardó un buen rato en hablar: su marca de fábrica. Igual que un gato, que solo hace lo que le viene en gana. Cuando ya temía que no me dijera nada sobre la cuestión, me acarició la barbilla y la nariz con el índice, el del anillo masónico, y me soltó:

– Dan miedo los ojos y los oídos de la Telaraña, ¿verdad? Tienes que aprender a hacer como yo, Nani. A la Telaraña hay que darle lo que quiere, la tienes que alimentar y, si te pide pan y circo, más vale que le ofrezcas un buen espectáculo.

Hasta que no se explicó mejor, no entendí a qué se refería. Después até cabos y se me hizo evidente. A menudo Nadia me decía que tal o cual día no podíamos quedar y, si yo le preguntaba por qué, me salía con evasivas y me aseguraba que eran cosas que no me incumbían. Aquello me te-

1 **la despensa:** Speisekammer. | 2 **abastecer** (c>zc): versorgen, beliefern. | **ocasionar:** verursachen, hervorrufen. | 7 **la alimaña:** Raubzeug (aus der Jägersprache: Tiere, die dem Wild gefährlich werden können, z. B. Ratten, Marder, Raubvögel). | **roer:** nagen an. | **las tripas:** Eingeweide. | 8 f. **la marca de fábrica** (f.): Fabrikmarke, Markenzeichen. | 16 **pan** (m.) **y circo:** Brot und Spiele (*el circo:* Zirkus). | 19 **hacerse evidente:** klar werden. | 20 **tal o cual:** der/die/das eine oder andere. | 21 **salir a alguien con algo:** jdm. mit etwas kommen. | **la evasiva:** Ausflucht, Ausrede. | 22 **incumbir:** angehen, betreffen.

nía intrigado y un poco mosca, pero sabía que era inútil insistir porque Nadia solo contaba lo que quería. Aquel día me reveló que, de una manera fría y calculada, ella mantenía una vida social alternativa, más aceptable que nuestra relación. Luego lo subía todo a la Telaraña, llenaba su It'sMe de todo tipo de fotos y selfis con sus acompañantes, unos tíos cachas y guapos, que reían delante de la cámara. Todas aquellas imágenes creaban una infinidad de referencias en el It'sMe de los amigos y conocidos de Nadia; todos los que aparecían en las fotos iban etiquetados, y así la credibilidad se multiplicaba y su vida en It'sMe transcurría sin ningún problema.

Me dijo que, si no quería quebraderos de cabeza, debería hacer lo mismo.

– Ya sabes cómo llega a ser de fisgona la Telaraña cuando no puede controlar lo que la gente hace en su tiempo libre. Cuanta menos información detecta, más ciñe el cerco hasta que resulta imposible mantener un espacio íntimo y privado de verdad, sin ojos que te espíen, sin oídos que te escuchen.

Yo la escuchaba, pero era incapaz de añadir ningún comentario porque, viendo cómo Nadia hablaba de aquel «pan y circo» suyo organizado con tanto aplomo, me preguntaba quién era ella en realidad. ¿Era la mujer que estaba

1 **intrigado/a:** neugierig. | **mosca** (adj.): misstrauisch; besorgt. | 3 **revelar:** enthüllen. | **calculado/a:** berechnend. | 7 **cacha** (adj.; fam.): muskulös. | 10 **etiquetado/a:** beschriftet; hier: markiert. | **la credibilidad:** Glaubwürdigkeit. | 11 **transcurrir:** vergehen. | 13 **los quebraderos de cabeza** (f.): Kopfzerbrechen. | 15 **el fisgón / la fisgona:** Schnüffler(in). | 17 **ceñir** (e>i): umlegen, anlegen, umschnallen; hier: enger machen. | **el cerco:** Kreis, Gürtel. | 23 **el aplomo:** Selbstsicherheit.

conmigo, con quien compartía unas horas que pasaban tan rápidamente que parecía que solo hubiesen sido minutos? ¿Era esa la verdadera Nadia De Neef? ¿O era la otra, la mujer supermaquillada que aparecía en las fotos de It'sMe con unos tipos musculosos que a mí se me antojaban absolutamente horrorosos? ¿Era la que iba a bailar a las discotecas y se sacaba selfis con la copa en la mano y una cara de alegría que a mí me parecía forzada? En definitiva, ¿quién era Nadia? Y en consecuencia, ¿quiénes éramos todos: los que vivíamos y respirábamos en nuestro espacio cotidiano, o los que pululábamos por la Telaraña y acabábamos apareciendo, como setas, en los *handys* de nuestros contactos, para demostrar que existíamos?

De pronto me asaltó un pensamiento que me dejó estremecido: mi vida sería mucho más fácil si Nadia hubiese tenido mi edad o si fuera otro tipo de persona. En aquel momento la abracé con una fuerza desesperada, igual que el náufrago que se agarra a la tabla de salvación que tiene más cerca.

Durante algún tiempo seguí los consejos de Nadia y lo conseguí, más o menos. Me costaba lanzarme a mantener unas amistades que consideraba fraudulentas y que eran solo una tapadera. Me sentía un cínico. Cuando me observaba en las fotos que subía a las varias aplicaciones de contactos, tenía la

4 **supermaquillado/a** (fam.): stark geschminkt. | 5 **se me antoja:** es scheint mir. | 8 **forzado/a:** gezwungen, erzwungen. | **en definitiva:** letzten Endes. | 9 **en consecuencia** (f.): folglich. | 11 **pulular:** wimmeln, wuchern; hier etwa: herumtoben. | 18 **la tabla de salvación** (f.): Rettungsring. | 22 **fraudulento/a:** betrügerisch, unecht. | 23 **la tapadera:** Tarnung, Fassade. | **cínico/a:** zynisch.

sensación de que se traslucía la mentira en mis ojos. A veces me dejaba arrastrar por la tentación de mejorarlas con la ayuda de cualquier programa: me ponía más musculoso, eliminaba pequeños defectos del rostro, añadía un toque de bronceado en la piel, alineaba bien mi oreja izquierda, siempre un poco torcida, modificaba los labios y los hacía más carnosos ... A continuación, me quedaba contemplando aquellas imágenes de mí mismo y me decía que eran escoria, una estafa. Y lo peor de todo era que, a pesar de eso, las subía.

Las respuestas no tardaban mucho, y, en cuanto concedía acceso a mi It'sMe a las chicas que me lo solicitaban, se producían reacciones curiosas. Les intrigaba que no hubiera gran cosa de mi pasado inmediato. Me enviaban mensajitos en los que decían cosas como: «Veo que eres el *mystery man*, y me muero de curiosidad por conocerte», «¿Tienes una vida oculta y no quieres compartirla con nadie? Y a mí, ¿me dejarás entrar?», «Tu rostro sugiere un mundo que me gustaría descubrir» ... Y yo me preguntaba de qué rostro hablaban, si ni siquiera era el mío, era inventado, fabricado, postizo.

A pesar de ello, me prestaba al juego y quedaba con algunas. Llegado el momento, las veía al natural y enseguida me daba cuenta de que ellas también habían traficado con su

1 **traslucir** (c>zc): durchschimmern, durchscheinen. | 2 **arrastrar:** schleifen; mitreißen; hier: hinreißen lassen. | **la tentación:** Versuchung. | 4 **el rostro:** Gesicht. | **el toque:** Hauch, Touch. | 4f. **el bronceado:** (Sonnen-)Bräune. | 5 **alinear:** ausrichten, gerade richten. | 6 **torcido/a:** schief, krumm. | 6f. **carnoso/a:** fleischig; hier: voll. | 8 **la escoria:** Abschaum. | 8f. **la estafa:** Betrug. | 17 **sugerir** (e>ie): hier: wachrufen, suggerieren. | 19 **postizo/a:** künstlich, unecht. | 20 **prestarse al juego:** mitspielen. | 21 **al natural:** im wirklichen Leben. | 22 **traficar:** verschieben, dealen; hier: manipulieren.

propia imagen. Nos observábamos discretamente y calibrábamos hasta dónde había llegado la mentira, la falsificación; pero, por supuesto, nadie decía nada.

¿Quién era más estafador? No lo sé, la verdad. En aquel momento, lo único que contaba para mí era tener una chica a mi lado con quien sacar muchos selfis que luego colgaría acompañados de *hashtags* del estilo: #ATope, #UnTándem-Perfecto, #SweetDays o #RomanticSeason.

A veces se producía un extraño momento de intimidad, rozábamos la franqueza y entonces era cuando ambos, la chica y yo, nos sentíamos más desprotegidos que nunca. En momentos así se abría una pequeña ventana de verdad, la verdad de la duda, de admitir estar desorientado; un instante frágil en el que cae la careta y vislumbras el alma de la otra persona a través de su rostro adormilado, una legaña o un hilillo de baba que se escapa por la comisura de los labios, antes de tener tiempo de armarte con todos los escudos protectores y las astucias que tienes a mano. Entonces me hubiera gustado decirle a Olga, a Berta, a Marta, o como se llamase la chica en cuestión, que no era necesario representar una farsa, que, si queríamos hablar o besarnos, lo podíamos hacer porque nos apetecía realmente, porque, a pesar de It'sMe y toda la parafernalia, había ocasiones únicas y verdaderas. Y con un poco de suerte descubriríamos que

1f. **calibrar:** messen, abschätzen. | 10 **rozar:** streifen. | **la franqueza:** Offenheit, Aufrichtigkeit. | 11 **desprotegido/a:** schutzlos. | 14 **la careta:** Maske. | **vislumbrar:** durchschimmern lassen. | 15 **adormilado/a:** schläfrig. | **la legaña:** Tränenflüssigkeit, Schlafsand. | 16 **el hililo** (dim.): dünner Faden (*el hilo:* Faden). | **la comisura:** Mundwinkel. | 17 **el escudo:** Schutzschild. | 18 **la astucia:** List, Trick. | 21 **la farsa:** Farce, Schwindel. | 23 **la parafernalia** (fam.): Begleitumstände, Drum und Dran.

daba igual si no éramos perfectos, si ella aún tenía acné o yo tenía la oreja izquierda torcida, porque lo que contaba en realidad era otra cosa: sentirse vivo, uno al lado del otro, sin filtros, y a partir de ahí, como con las capas de una cebolla, llegar hasta la esencia de la persona, hasta el fondo del corazón. Por desgracia, nadie se atrevía a dar ese paso hacia la verdad. Nadie, ni ellas ni yo. Nos daba demasiado miedo.

Más tarde, cuando le contaba a Nadia las experiencias que había tenido con aquellas chicas, ella se reía y me decía:

– Eres demasiado sensible. No todo puede ser verdad. Hay mentiras que sirven para vivir otras verdades. Una cosa va por la otra.

Y yo la escuchaba, incómodo por todo lo que vivía, como si fuese excesivo para mí, mientras me conformaba con tener a Nadia a mi lado. La reconocía en todos los detalles; era ella, con su voz, con su anillo en el dedo índice, sin necesidad de fotos trucadas ni patrañas de ningún tipo.

Aquellos tiempos fueron para mí tan enrevesados que sentía que el mundo me engullía sin que yo fuera capaz de dominarlo, así que raramente pensaba en mi familia. Cuando mi madre me llamaba, yo me impacientaba y acortaba la conversación. Le decía que estaba bien, que los estudios me absorbían, que no necesitaba preocuparse por mí. Ella me explicaba con detalle sus cosas y lo que hacía mi padre. «¿Y Magdalena?», le preguntaba yo, sin mucho interés. Mi madre me aseguraba que, desde que tenía a Adam, se la veía

1 **el acné:** Akne. | 6 **por desgracia** (f.): leider. | 17 **trucado/a:** manipuliert, aufgemotzt. | **la patraña:** Lüge, Märchen. | 18 **enrevesado/a:** verworren. | 19 **engullir:** verschlingen, verschlucken. | 23 **absorber:** aufsaugen; hier: in Anspruch nehmen.

más sosegada y apenas sufría dolores de cabeza. A mí me daba rabia que atribuyese a Adam la mejoría de mi hermana, pero prefería no hacer ningún comentario.

Un día, en una de esas llamadas, cuando yo ya estaba a punto de desconectar, mi madre me pidió que esperara un momento, que Magdalena quería charlar conmigo.

– Ahora te la paso. Hasta luego, Nani – me dijo antes de dejarme hablar con mi hermana.

– Hola, Nani. ¿Cómo estás?

Me produjo un no sé qué oír la voz de Magdalena, porque hacía semanas que no había hablado ni una vez con ella.

Le dije que estaba bien, muy ocupado pero bien. Era la respuesta estándar de hermano mayor. A continuación, hubo una pausa bastante larga, y por un momento creí que la comunicación se había cortado.

– Eh, Magdalena, ¿aún estás ahí?

– Sí, Nani ... Te quería pedir ... ¿Cuándo piensas venir a Barrancos?

Le respondí que no lo sabía, que tenía un montón de trabajo en la facultad, cosa que era medio verdad.

– Me gustaría que vinieses porque te quiero enseñar una cosa.

– ¿El qué? ¿Qué me quieres enseñar?

– No, Nani, ahora no te lo puedo decir. Ven, por favor. Y no tardes demasiado, ¿vale?

Le dije que, en cuanto encontrase un hueco, iría, y que antes la avisaría. Me dijo adiós, y mi madre ya no volvió a ponerse. Me guardé el *handy* y me quedé quieto, con la vo-

1 **sosegado/a:** ruhig, gelassen. | 2 **atribuir:** zuschreiben. | **la mejoría:** Besserung. | 26 **el hueco:** Lücke; hier: freier Moment.

cecita de Magdalena resonando dentro de mí. La voz de una hermana se entiende siempre, se puede interpretar, por más distancia que nos separe. En aquella ocasión, la voz de Magdalena me había dicho que me necesitaba de verdad; que, por favor, no la dejase en la estacada.

1 **resonar:** widerhallen. | 5 **dejar a alguien en la estacada** (loc.): jdn. hängen lassen, im Stich lassen (*la estacada:* Pfahlzaun).

Capítulo ocho

Llegué a Barrancos la noche del viernes, un rato antes de la cena. Enfilé el paseo que baja de la estación y me dejé abrazar por todas las sensaciones que me rodeaban y que eran tan distintas de la vida en la ciudad. Veía alguna cara conocida que pasaba por mi lado y que entraba en la panadería o en un súper. Una mujer me saludó con una sonrisa y un gesto de la mano, y quizá pensó que hacía tiempo que no me veía. Los ruidos de la calle en Barrancos eran más pausados y menos agresivos que los de la ciudad; los olores eran mejores (o al menos a mí me lo parecían), eran más míos porque los conocía de siempre. Durante unos instantes, y a traición, un escalofrío me bajó por la espalda al pensar que, mientras yo volvía a mi casa, a mi mundo, tal vez Nadia estuviera con alguno de aquellos mamarrachos que veía de vez en cuando y que a mí me provocaban tanta tirria.

No había avisado a mi familia porque quería darles una sorpresa. Por eso, cuando estuve delante del portal, en lugar de sacar las llaves del bolsillo, llamé al anticuado timbre con insistencia. No tardé mucho en ver a Magdalena, que bajaba corriendo por las escaleras como un potrillo. En cuanto me vio, abrió la puerta de la calle y se me tiró al cuello para abrazarme.

– ¡Qué bien que hayas venido! – fue lo primero que me dijo, al oído.

7 **el súper** (fam.): Supermarkt. | 9 f. **pausado/a:** langsam; hier: ruhig. | 13 **a traición** (f.): heimlich, hinterrücks. | **el escalofrío:** Schauder. | 15 **el mamarracho:** Witzfigur. | 16 **la tirria:** Groll, Voreingenommenheit. | 20 **con insistencia** (f.): nachdrücklich. | 21 **el potrillo:** Fohlen. | 22 f. **tirar al cuello a alguien:** jdm. um den Hals fallen.

Cuando ya estábamos arriba, recibí el embate de la familia, una ola hecha de un agua conocida, pero que no por eso moja menos. Mi madre también me abrazó y me dijo que me encontraba más delgado. Le dije que igual sí. Mi padre, siempre más discreto, esperó un poco para darme dos besos, y enseguida me preguntó si me apetecía una cervecita. De reojo vi a Adam, que estaba de pie al lado del aparador del comedor, un mueble que mis padres habían heredado de los abuelos de mi madre. Él esperó hasta que todos los miembros de la familia acabasen los saludos y solo entonces avanzó hacia mí con la mano extendida para encajar la mía.

– Hola, Nani, hacía tiempo que no te veía por aquí – me dijo con su acento neutro, un poco como un locutor de radio.

– Hola, Adam. ¿Cómo estás?

– Bien, no me puedo quejar.

Con su respuesta, me di cuenta de que su habilidad para el lenguaje había mejorado desde la última vez que lo había visto; se había vuelto más coloquial. A pesar de ello, sus expresiones me sonaban postizas en boca de uno de los otros. Al fin y al cabo, ¿de qué se hubiera podido quejar él?

Durante la cena la que habló más fue mi madre, que me puso al día de todo lo que había pasado en Barrancos, con pequeñas anécdotas que mi padre corroboraba con algún comentario o con un gesto de asentimiento. Escuchándola, sentí ese placer que solo te proporciona un mundo conocido, el que te vio nacer y crecer. De vez en cuando Magdale-

1 **el embate:** Wellenschlag; hier (fig.): Ansturm. | 7 **el aparador:** Anrichte, Sideboard. | 19 **coloquial:** umgangssprachlich. | 23 **poner al día:** auf den neuesten Stand bringen. | 24 **corroborar:** bestätigen, bekräftigen. | 25 **el asentimiento:** Zustimmung.

na y yo intercambiábamos una mirada de complicidad, y ella me sonreía. Noté que estaba excitada, contenta pero agitada, y supuse que tendría que ver con aquello que me había dicho por teléfono que me quería enseñar. Pero no era el momento de hacerle preguntas. Adam estaba sentado en una silla, un poco apartado de la mesa porque él no necesitaba comer. Solo participaba en la conversación si alguien le dirigía directamente la palabra. En alguna ocasión, mi madre o Magdalena le decían: «¿Te acuerdas de eso, Adam?» o «¿Era el lunes o el martes cuando fuimos a la ferretería, Adam?». Él no respondía enseguida, tardaba unos segundos en procesar la pregunta y parecía que pensara. Al poco respondía con un «sí, claro» o «fue el lunes».

Cuando ya me había metido en la cama, en mi antigua habitación, llena de cosas y objetos que se habían quedado atrapados en el tiempo, no pude resistir la tentación y llamé a Nadia. No me respondió, pero al cabo de un momento recibí un mensaje que decía: «Ahora no puedo hablar. Te mando un gran beso desde la urbe».

Me tragué aquella píldora amarga y tardé mucho en dormirme.

No sé qué hora sería cuando, a la mañana siguiente, oí que alguien daba unos golpecitos en la puerta de mi cuarto. Antes de que pudiera responder, entró Magdalena, aún en pijama. Saltó encima de la cama y se tendió a mi lado.

–¡Buenos días, dormilón! – me dijo. Me acarició la cabe-

1 **la complicidad:** Komplizenschaft, Mitwisserschaft. | 6 **apartado/a:** abseits. | 16 **atrapado/a:** gefangen. | 19 **la urbe:** Großstadt. | 20 **me tragué aquella píldora amarga** (fig.): ich schluckte diese bittere Pille. | 23 **el golpecito** (dim.): leises Klopfen. | 26 **el dormilón / la dormilona:** Schlafmütze.

za con las dos manos, y noté el tacto diferente de su mano más pequeña.

Me dio las gracias por haber venido tan deprisa a Barrancos tras pedírmelo por teléfono. Cuando le pregunté qué era lo que me quería mostrar, se puso un dedo en los labios y me dijo que era un secreto, que no podía contárselo a nadie, ni a nuestros padres ni a Adam.

– Por cierto, ¿haces buenas migas con … Adam? – le pregunté.

– Mmm …, me hace compañía …, siempre me protege. También me escucha sin protestar, aunque yo le dé la lata, lo cual se agradece.

No detecté un gran entusiasmo por su parte. Luego me anunció que aquella mañana iríamos de excursión, y volvió a insistir en que no les dijera nada a nuestros padres.

– Tú sígueme la corriente y no me preguntes nada delante de ellos, ¿vale?

Tras el desayuno, Magdalena dijo a nuestros padres que íbamos a salir de paseo.

– Os llevaréis a Adam, ¿verdad? – dijo mi madre.

– Sí, claro – afirmó Magdalena.

Fue ella la que solicitó un vehículo privado a través del *handy* y, cuando el operador le preguntó el destino, le respondió que se trataba de un «asunto personal». Lo dijo con tanta soltura que enseguida sospeché que no era la primera

8 **hacer buenas migas con alguien** (fig.; fam.): mit jdm. gut auskommen (*la miga:* Krümel, Krume). | 11 **dar la lata a alguien** (loc.; fam.): jdn. nerven. | 16 **seguir** (e>i) **la corriente a alguien:** jdm. nach dem Mund reden; hier: jds. Beispiel folgen (*la corriente:* Strömung). | 18 **tras:** nach. | 23 **el operador / la operadora:** hier: Vermittler(in). | 25 **la soltura:** (Rede-)Gewandtheit.

vez que lo hacía. Luego, mientras esperábamos a la puerta de casa, Adam también preguntó a mi hermana dónde pensábamos ir, a lo que ella replicó que no fuese entrometido, que había que tener un poco de paciencia.

El coche se detuvo delante de nosotros y las puertas se abrieron solas. Magdalena y yo subimos delante; Adam, detrás.

– ¿Adónde tenemos que ir? – consultó la voz fría del conductor invisible.

En vez del nombre de un sitio concreto, Magdalena le dio unas coordenadas geográficas, como si se tratase de una instrucción militar o cartográfica. El vehículo se puso en marcha, y yo, contento, abracé a mi hermana. ¡Qué lejos quedaban en aquel momento mis tribulaciones de la ciudad! ¡Adiós, Nadia y las otras chicas con quienes me relacionaba! En ese instante todo me pareció transparente y simple.

Por la ruta que seguíamos, de entrada pensé que Magdalena quería ir a Tudomaño. Imaginé que desde allí tal vez quisiera recorrer el camino hasta la fuente de la Poza Vieja, uno de sus rincones preferidos de cuando era pequeña, adonde nuestros padres nos llevaban de excursión. Sin embargo, cuando nos desviamos a la derecha, empecé a intuir cuáles eran las intenciones de mi hermana. Me mostró su *handy* y discretamente trazó una cruz encima con el pulgar, como si quisiera indicar la defunción del aparato. Magdale-

3 **replicar:** antworten. | **entrometido/a:** zudringlich; hier: (zu) neugierig. | 8 **consultar:** hier: erfragen. | 9 **invisible:** unsichtbar. | 11 **la coordenada:** Koordinate. | 12 **cartográfico/a:** kartografisch. | 12 f. **ponerse en marcha** (f.): losfahren. | 14 **la tribulación:** Kummer, Leid. | 19 **la poza:** Wasserstelle, Teich. | 20 **el rincón:** Ecke, Winkel. | 24 **trazar:** ziehen, zeichnen. | 25 **la defunción:** Tod.

na se rio, pero no dijo nada, hasta que se giró hacia Adam y le preguntó si estaba bien.

El otro respondió afirmativamente y calló; la cháchara no era su punto fuerte. Luego noté que, al ver la primera señal que anunciaba la proximidad de Malkonektita, se ponía rígido, como si algo lo incomodara.

– Magdalena, ¿estás segura de que quieres ir en esa dirección? – le preguntó.

– Sí, Adam. Tú tranquilo, que no pasa nada.

Fue cuando me di cuenta de que nuestro vehículo no seguía el camino que todo el mundo tomaba para ir a Malkonektita, sino que remontaba una pista de montaña que parecía medio abandonada. Esa debía de ser la razón por la cual, cuando Magdalena había pedido el vehículo, había especificado que quería un modelo 4x4 con capacidad *off-road*. También me fijé en que, desde que nos habíamos alejado de la carretera, ella no había tomado ni una foto para It'sMe, cosa que me sorprendió.

– Magdalena, ¿se puede saber adónde vamos? – me encaré con ella.

Pero se limitó a sonreírme y no me respondió. Adam no paraba de mirar a derecha e izquierda, como si quisiera calcular algo. Y de pronto, en una curva de la pista con una pendiente pronunciada, nuestro coche se paró y anunció que habíamos llegado a nuestro destino.

– ¿Es aquí? – dije sorprendido, pero tampoco hubo respuesta.

3 **la cháchara:** Schwätzchen, Plauderei. | 6 **incomodar:** stören, belästigen. | 12 **remontar:** hinauffahren. | 19 f. **encararse con alguien:** sich an jdn. richten. | 24 **la pendiente:** hier: Steigung. | **pronunciado/a:** ausgeprägt, markant.

– Venga, Adam, adelante – replicó simplemente mi hermana.

– ¿Estás segura de que esto es correcto? – dijo el otro. Su tono de voz era extraño, como si desconfiase o hubiese detectado un peligro.

– Adam, no seas pelmazo.

Y no tuvimos más remedio que obedecer a mi hermana.

A la derecha de la curva, a media subida y un poco escondida por la maleza, vi que había una senda que parecía que hubiese sido trillada por jabalíes u otros animales. Magdalena, con un gesto, nos indicó que la siguiéramos. De pronto, se había transformado: ya no era mi hermana pequeña; ahora se había convertido en una especie de amazona del bosque. Avanzar por aquel sendero no resultaba nada fácil, y más de una vez tuve que usar como machete una rama que recogí del suelo, para apartar las ortigas y zarzas que había a ambos lados. Adam también se movía con precaución, pero en su caso no era porque tuviese miedo de pincharse: su recelo era distinto, como si supiese lo que le esperaba y no pudiera evitarlo.

Al cabo de diez minutos de marcha llegamos a un claro del bosque. Alguien había hecho allí una incisión en forma de cruz en el tronco de un pino un poco más grueso que los demás árboles.

6 **el pelmazo / la pelmaza** (fam.): Nervensäge. | 7 **no tener más remedio** (m.): keine andere Wahl haben. | 9 **la maleza:** Gestrüpp, Dickicht. | **la senda:** Pfad. | 10 **trillar:** dreschen; hier: schlagen. | **el jabalí:** Wildschwein. | 13 **la amazona:** Amazone. | 15 **la machete:** Buschmesser. | 16 **la ortiga:** Brennnessel. | **la zarza:** Dornbusch. | 17 **la precaución:** Vorsicht. | 21 **la marcha:** Marsch. | 21 f. **el claro de un bosque:** Waldlichtung. | 22 **la incisión:** Schnitt.

– La hice yo con un cuchillo para marcar el límite – me contó orgullosa Magdalena, pero, cuando le pregunté a qué límite se refería, no me respondió.

Adam se había quedado de pie en medio del claro, con pose seria. Magdalena se situó al pie del tronco marcado con la cruz y miró a Adam. Yo contemplaba la escena sin saber qué iba a ocurrir.

– Adam, quiero que me abraces – dijo Magdalena.

El otro no se movió.

– Adam, ¿acaso no me has oído? No te he preguntado si te apetecía abrazarme – insistió ella –. Esto es una orden.

– ¿Estás segura de que es necesario? – dijo él, y daba la impresión de que sospechase las consecuencias del gesto que le mandaba hacer.

Sentí vergüenza ajena. No entendía cuál era el juego que se traía mi hermana, pero hubiese preferido no ser espectador de aquella escena. Había algo en aquella situación que me era imposible descifrar, pero intuía que escondía un manejo turbio. Por un lado, el aplomo de Magdalena me sorprendía y, por el otro, me parecía extraño que Adam, tan calmado y metódico, ahora se mostrara inseguro, y hasta diría que miedoso. Con reticencia, él se fue acercando lentamente a mi hermana. Entonces ella, también muy despacio, empezó a retroceder unos pasos. Adam se había parado y había extendido los brazos al frente, preparado para el

10 **acaso:** möglicherweise. | 12 f. **dar la impresión:** den Eindruck erwecken. | 15 **sentir** (e>ie) **vergüenza ajena:** sich fremdschämen. | 16 **traerse:** hier: spielen. | 18 **descifrar:** entschlüsseln. | 19 **el manejo turbio:** hier: falsches Spiel (*el manejo:* Umgang, Handhabung; *turbio/a: trüb, unklar*). | 22 **miedoso/a:** ängstlich. | **con reticencia** (f.): widerwillig. | 24 **retroceder:** zurückweichen. | 25 **al frente:** nach vorne.

abrazo, de esa manera tan poco espontánea que tienen los otros de hacer las cosas. Pero, al darse cuenta de que Magdalena se había alejado, quedó inmóvil.

– Ven, Adam. Quiero que me abraces.

– No puedo, Magdalena. Si avanzo más me pongo en peligro y, en consecuencia, te pongo a ti en peligro.

– Adam, no digas estupideces. ¿Dónde ves el peligro? Haz el favor de obedecerme.

Mientras decía eso, aún reculó unos cuantos pasos más. De nuevo, tuve la sospecha de que no era la primera vez que representaban aquella especie de coreografía extravagante; había algo poco natural en todo ello. También me pareció notar que Magdalena temía que esta vez algo no funcionara como tenía previsto; quizá porque Adam hubiera aprendido de las anteriores veces que lo habían hecho.

Abandoné mis cábalas cuando presencié, entre fascinado y horrorizado, algo que no esperaba. Adam continuaba con los brazos extendidos y daba unos pasitos muy cortos, como si fuese una muñeca mecánica. Y de pronto, cuando hubo cruzado con los brazos la línea imaginaria que marcaba el tronco de la cruz, se quedó encallado, paralizado.

– Ven, ven conmigo – lo llamó aún mi hermana.

– Magdalena ... Magdalena ... Magda... – todavía tuvo tiempo de pronunciar antes de quedarse sin vida. Porque eso era exactamente lo que acababa de pasar, y hasta aquel momento no me había dado cuenta. En aquel rincón del bosque, justo donde Magdalena había marcado la cruz en el

7 **la estupidez:** Dummheit. | 9 **recular:** zurückweichen. | 14 **tener algo previsto:** etwas vorhaben /geplant haben. | 16 **la cábala:** Mutmaßung. | **presenciar:** sehen. | 17 **horrorizado/a:** entsetzt, schockiert. | 21 **encallado/a:** fest geworden, eingefroren. | **paralizado/a:** gelähmt.

tronco del pino, empezaba la zona fuera de cobertura. Allí Adam no recibía energía para funcionar y se convertía en un objeto inerte.

Mi hermana debió de leer la preocupación en mi rostro, porque enseguida me dijo:

– Tranqui, Nani, a Adam no le pasa nada. Lo he hecho muchas veces. Cuando quiero que vuelva a la vida, le doy un empujoncito hacia la zona de cobertura y se despierta sin sufrir ningún daño. Es como un ordenador en reposo. No hace falta reiniciarlo, lo que sí me acarrearía problemas, a causa de los administradores, que lo espían y lo controlan todo.

Sospeché que en el *life-track* de Adam forzosamente quedaría registrada una pausa difícil de justificar, y que eso podría provocar un aviso de alarma. Pero preferí callarme, porque nunca había visto a mi hermana tan vital y tan contenta. Sin embargo, aún no entendía por qué razón quería mantener a Adam fuera de servicio.

Durante un momento nos quedamos los dos en silencio escuchando los sonidos del bosque: el canto de los pájaros, el viento que agitaba las ramas de los árboles, el zumbido de los insectos ... Aquel cuadro en medio de la naturaleza hubiera podido pertenecer perfectamente al siglo pasado, si no fuese por un elemento discordante y esperpéntico:

3 **inerte:** tot; hier: leblos. | 6 **tranqui** (fam.): *tranquilo/a.* | 8 **el empujoncito** (dim.): kleiner Stoß (*el empujón:* Stoß). | 9 **en reposo** (m.): auf Standby. | 10 **reiniciar:** neu starten. | 11 **espiar:** (aus)spionieren. | 13 **forzosamente:** zwangsläufig. | 15 **el aviso de alarma** (f.): Alarmbenachrichtigung. | 18 **fuera de servicio** (m.): außer Betrieb. | 20 **el canto:** Gesang. | 21 **el zumbido:** Summen, Brummen. | 24 **discordante:** unharmonisch, abweichend. | **esperpéntico/a:** grotesk, absurd.

Adam, de pie al lado del tronco de la cruz, con los brazos rígidos hacia delante, la boca abierta como si aún pronunciase el nombre de mi hermana, y los ojos desorbitados, en una expresión congelada a medio camino entre la sorpresa y la incredulidad.

Poco después, Magdalena sacó algo de su bolsillo y se lo acercó a la boca. Era un silbato de madera. Lo sopló: tres pitidos cortos, tres largos. Dejó pasar unos segundos y repitió el reclamo. Se quedó muy quieta, expectante. Entonces, a lo lejos se oyó otro silbato que respondía con la misma contraseña.

– Ahora vendrá – me anunció Magdalena con una sonrisa, contenta de su sortilegio.

Los dos aguardamos unos minutos sin cruzar palabra. Más allá, el rumor de unos pasos nos anunció la llegada de alguien. Entre la maleza apareció un chico que, a primera vista, me pareció tener más o menos la edad de mi hermana. Era pelirrojo, con el pelo muy largo y la cara llena de pecas. Vestía un pantalón de montaña, botas y un jersey grueso, hecho a mano. Se acercó poco a poco hacia Magdalena y, cuando estuvo a su lado, la abrazó y le dio un beso. Ella se rio. Luego, al darse cuenta de que yo esperaba algún tipo de explicación, hizo un gesto señalando al recién llegado.

3 **desorbitado/a:** weit aufgerissen. | 5 **la incredulidad:** Ungläubigkeit. | 7 **el silbato:** Pfeife. | **soplar algo:** etwas (aus)blasen; hier: in etwas hineinpusten. | 7 f. **el pitido:** Pfiff. | 9 **el reclamo:** Lockruf. | **expectante:** erwartungsvoll. | 9 f. **a lo lejos:** in der Ferne. | 13 **el sortilegio:** Prophezeiung. | 14 **aguardar:** warten. | **sin cruzar palabra** (f.): ohne ein Wort zu wechseln. | 16 f. **a primera vista:** auf den ersten Blick. | 19 **la peca:** Sommersprosse (*pecoso/a:* sommersprossig).

– Este es mi secreto, Nani. Quería que conocieses a Óscar.

Él se me acercó, me dio la mano y me saludó como si nos conociéramos de toda la vida.

– Bienvenido a Malkonektita, Nani – me dijo.

Entonces me di la vuelta y miré a Adam, que continuaba inmóvil, como si fuese la mujer de Lot. Me pregunté si, en aquel momento, en su inteligencia artificial quedaría aún un ápice de conciencia que pudiese ser testimonio de lo que estaba ocurriendo. Magdalena y Óscar se habían abrazado de nuevo y se les veía felices. Pero yo no podía borrar de mi memoria la voz traicionera de mi hermana, cuando había tendido la trampa a Adam pidiéndole que la abrazara. También evoqué las palabras de Nadia: «Hay mentiras que sirven para vivir otras verdades».

4 **de toda la vida:** schon immer. | 7 **la mujer de Lot:** Lots Frau, diese erstarrt laut dem 1. Buch Mose zur Salzsäule, weil sie Gott nicht gehorcht. | 9 **el ápice:** Spitze, Gipfel; hier: ein kleines Stück. | **el testimonio:** Zeugnis, Beweis. | 12 **traicionero/a:** trügerisch. | 12 f. **tender** (e>ie) **la trampa:** die Falle legen.

Capítulo nueve

Hay muchos puntos oscuros en la historia de conexión de Magdalena con Óscar, y con Malkonektita en general. Una infinidad de preguntas que me han quedado sin respuesta y que nunca podré esclarecer porque los protagonistas ya no están. Recuerdo, por ejemplo, las explicaciones poco creíbles que mi hermana me dio cuando le pregunté cómo había descubierto aquella especie de camino secreto que conducía a los desconectados, o la falta de cobertura en aquel punto exacto y la forma de poner a Adam fuera de circulación.

Me lo contó aquel mismo sábado, cuando avanzábamos con dificultad por la estrechísima senda que nos tenía que llevar a Malkonektita. Me dijo que había sido por casualidad, un día que salió de excursión con Adam y que habían estado jugando al pillapilla en el bosque. Me pareció imposible de creer, porque hubiera sido una suma excesiva de casualidades. Además, ¿por qué diablos se iban a poner a jugar al pillapilla en aquel rincón remoto del bosque?

Mis sospechas apuntan hacia otro lado. Yo diría que primero Magdalena encontró a Óscar y que fue él, como buen conocedor del bosque, al igual que todos los desconectados, quien le indicó el camino y le mostró el punto preciso que separaba la zona de cobertura de la zona desconectada. Cómo lo sabía él lo desconozco.

2 **la conexión:** hier: Beziehung. | 4 **la infinidad:** hier: unendliche Menge. | 5 **esclarecer** (c>zc): klären, beantworten. | 10 **poner fuera de circulación** (f.): aus dem Verkehr ziehen. | 15 **jugar** (u>ue) **al pillapilla:** Fangen spielen. | 18 **remoto/a:** fern. | 19 **apuntar:** zielen. | 21 **el conocedor / la conocedora:** Kenner(in). | 24 **desconocer** (c>zc): nicht wissen, keine Kenntnis haben.

Siguiendo esta teoría, aún me surgen más enigmas, y uno hace referencia a Adam. En general, se supone que todas las personas que tienen asignada asistencia IA deben mantener en todo momento a su lado al otro que han adoptado, especialmente si se encuentran fuera de casa. A efectos prácticos, el otro cubre unas funciones muy similares a las de un guardaespaldas. Eso significa que tal vez Magdalena conoció a Óscar no en Malkonektita, sino en otra parte. Porque … ¿cómo habría conseguido ella llegar al pueblo de los desconectados por la ruta oficial sin despertar las sospechas de Adam, cuando este hubiese visto los carteles que advertían de la falta de cobertura? ¿Se conocieron quizá durante una visita que Óscar hizo a Barrancos? ¿Para qué? ¿Fue él quien abordó a mi hermana o fue al revés? ¿Cómo trabaron amistad? ¿Cuántas veces se vieron antes de que él le desvelara el sendero alternativo para llegar a Malkonektita y la forma de desembarazarse del otro? ¿No oyó Adam esas conversaciones? ¿Las comprendió? ¿Se dio cuenta de que peligraba su autonomía motriz?

He leído muchas veces y con atención los informes del forense que hablan de Magdalena y de Óscar, con la esperanza de encontrar algún detalle que revelara algo más que la explicación detallada de los aspectos anatómicos y las causas de la muerte de ambos; pero ha sido en vano.

1 **el enigma:** Rätsel. | 5 f. **a efectos prácticos:** praktisch. | 7 **el/la guardaespaldas:** Personenschützer(in), Bodyguard. | 14 **abordar:** ansprechen. | 15 **trabar amistad** (f.): Freundschaft schließen. | 16 **desvelar:** offenbaren. | 17 **desembarazarse** (z > c): sich frei machen, befreien. | 19 **peligrar:** gefährden. | **motriz:** motorisch. | 21 **el/la forense:** Gerichtsmediziner(in). | 24 **ser en vano:** umsonst/sinnlos sein.

Asimismo la investigación policial se circunscribió casi exclusivamente al momento de su muerte, sin indagar en el hecho de que mi hermana tuviera un vínculo especial con Malkonektita y con Óscar en particular. O al menos eso es lo que nos han querido hacer creer.

Recuerdo que, durante una época, me pasaba las noches sin apenas dormir para escuchar las grabaciones de la caja negra que las autoridades entregaron a mis padres antes de proceder a la limpieza de Adam y a reiniciarlo para que pudiera empezar una nueva vida como Actif-8 en un hogar adoptivo distinto. Me consta que mis padres nunca quisieron escuchar las grabaciones porque les daba demasiada pena, reabría las heridas. Un día mi padre me llamó y me dijo que, si yo quería oír el testimonio de audio de Adam, fuera a casa a recogerlo; si no, pensaban desprenderse de todo el material. Pero incluso cuando lo tuve en las manos, tardé mucho tiempo en escucharlo; me imponía respeto. Lo mantuve guardado en un cajón y, si alguna vez lo veía, volvía a cerrar el cajón enseguida, como si me diera miedo. Era una caja metálica, no muy grande, con una etiqueta pegada en la tapa que decía: «Actif-8 (Adam)».

Finalmente, llegó un día en que decidí que, a pesar del temor, tenía que enfrentarme a ello. Dispuse todas mis se-

1 **asimismo:** auch, ebenfalls. | **policial:** polizeilich. | **circunscibirse a algo:** sich auf etwas beschränken. | 2 **indagar:** untersuchen. | 3 **el vínculo:** Verbindung. | 9 **proceder a algo:** zu etwas schreiten/übergehen. | 11 **me consta que:** für mich steht fest. | 12 f. **dar pena:** leid tun. | 13 **reabrir:** aufreißen. | 15 **desprenderse de algo:** sich einer Sache entledigen, etwas weggeben. | 17 **imponer respeto:** Respekt einflößen. | 21 **la tapa:** Deckel. | 23 **enfrentarse a alg.:** jdm. die Stirn bieten (*enfrentarse:* sich gegenüberstehen). | **disponer:** vorbereiten, einrichten.

siones de escucha como una especie de ritual que repetía sistemáticamente. Esperaba a que anocheciera, la casa en silencio y a oscuras, salvo por la lucecita baja que encendía al lado de la butaca. Si tenía frío, me tapaba las piernas con una manta. Me ponía los auriculares y cerraba los ojos; el aliento se me hacía más pesado, como si me costara respirar. Me impresionaba oír la voz de Magdalena hablando con Adam. El tono y la intensidad vital de ella contrastaban con la cadencia pausada, mecánica y vacía de emoción de él. Entonces, de una manera completamente irracional, me entraba un odio profundo hacia Adam y, pese a que sabía que no había sido culpa suya, lo hacía responsable de todas las desgracias de mi hermana y maldecía el día en que mis padres decidieron adoptarlo. Pensaba que, si no lo hubiesen hecho, quizá Magdalena aún estaría viva.

Supongo que mi forma de escuchar todas aquellas horas de testimonio era muy diferente del examen que en su día hicieron la policía y los expertos en IA. Estos se encargan del seguimiento de todos los casos en los que uno de los otros está implicado en un accidente o en cualquier suceso extraordinario; forma parte del procedimiento legal. ¿Y qué conclusiones sacaron ellos de toda aquella información? ¿Descubrieron los técnicos los parones de funciona-

2 **anochecer** (c>zc): Nacht werden, dämmern. | 2 f. **en silencio** (m.): still. | 3 **a oscuras:** dunkel. | **salvo:** außer. | **bajo/a:** hier: schwach. | 6 **el aliento:** Atem, Atmen. | **costar** (o>ue): hier: schwerfallen. | 9 **la cadencia:** Rhythmus, Takt, Tempo. | 13 **maldecir:** verfluchen. | 17 **en su día:** zum rechten Zeitpunkt. | 18 **encargarse de:** sich kümmern um. | 20 **implicado/a:** verwickelt. | 21 **el procedimiento:** Verfahren, Vorgehen. | 23 **el parón** (aum. von *el paro:* Anhalten): plötzliches Anhalten. | 23 f. **el funcionamiento:** Funktionsfähigkeit.

miento de Adam durante las visitas de Magdalena a Óscar? ¿Fue ese uno de los argumentos que precipitó el desmantelamiento de Malkonektita? ¿O había otros intereses en juego para terminar de una vez por todas con la comunidad de los desconectados? No tengo respuesta a estas preguntas, solo suposiciones, sospechas, y nada que me las pueda corroborar.

He aquí un ejemplo transcrito de una de las grabaciones que escuché tantas veces:

– Adam, te veo muy callado últimamente.

– No tengo nada que decir.

– ¿Estás seguro de que solo es eso?

– ¿A qué te refieres?

– Pues que a veces pienso que estás enfadado conmigo.

– Magdalena, ya sabes que yo no me puedo enfadar.

– Sí, es cierto . . ., pero tengo la sensación de que antes éramos más amigos.

– ¿Cuándo es antes, exactamente?

– Antes. Antes de nuestras excursiones al bosque.

(Pausa).

– Verás, hay ciertas cosas que no acabo de entender. Cuando repaso mi life-track *encuentro huecos, como si en algún momento dejara de existir.*

(Pausa).

– A lo mejor es que te duermes . . . o te quedas abstraído, y tu sistema no registra nada.

– No funciona así. He estado analizando, he hecho

2 **precipitar:** beschleunigen. | 2 f. **el desmantelamiento:** Räumung, Zerstörung. | 6 **la suposición:** Vermutung. | 6 f. **corroborar:** bestätigen. | 25 **abstraído/a:** geistig abwesend.

consultas, y he descubierto que vosotros identificáis esos huecos de memoria con un estado que llamáis «amnesia». Pero nosotros no podemos sufrir amnesia porque nuestra inteligencia no admite ese tipo de error.

– Igual es que estás cansado o que te pido que hagas demasiadas cosas. A partir de ahora, te mimaré más.

– No necesito ningún trato especial, porque yo no me puedo cansar. (Pausa). *Lo que no entiendo es por qué a veces noto que se me disparan los* warnings, *pese a que no detecto ningún peligro. Quizá tus padres deberían mandarme al laboratorio para que me hagan un chequeo completo y unos análisis de funcionamiento óptimo, ¿no te parece?*

– ¡Ay, pobrecito mi Adam, que está enfermo! Ven, ven aquí conmigo para que te mime y enseguida te sentirás mejor.

¿Qué conclusiones sacaron los expertos y la policía de una conversación tan extraña y tan íntima como esa? Y yo, ¿cuál es mi opinión, aparte de la lástima infinita que me provoca?

Me gustaría volver a aquel sábado en que vi a Óscar por primera vez.

Con cierto remordimiento por dejar a Adam paralizado junto a aquel pino, seguí a Magdalena y a Óscar, que me condujeron al pueblo de los desconectados. Yo no era consciente de la gran diferencia que había entre estar en Malkonektita acompañado por los guías oficiales o llegar de la

1 **la consulta:** Abfrage. | 6 **mimar:** verwöhnen, verhätscheln. | 7 **el trato:** Behandlung. | 11 **el chequeo:** Check-up, Inspektion. | 22 **el remordimiento:** Gewissensbiss.

mano de uno de sus habitantes. En cuanto empezamos a cruzarnos con gente, me di cuenta de que saludaban a Magdalena con familiaridad; era evidente que no era la primera vez que la veían. En un par de ocasiones, ella se giró hacia mí y les dijo que yo era su hermano y que me llamaba Nani. Los desconectados me sonreían y me saludaban. Nos paramos en la plaza del pueblo, y Óscar propuso que fuésemos al casino. Era un edificio bastante viejo, con una serie de balcones de hierro forjado en el primer piso, y debajo había unos soportales de tres arcos. Un cartel pintado a mano con unas letras azules decía: «Casino Popular».

Debía de ser un día frío, porque recuerdo la sensación agradable del calorcillo de una chimenea de leña que había a un lado de la gran sala del local. Óscar pidió unas cervezas y unas aceitunas. Enseguida otros chicos y chicas vinieron a nuestra mesa. Me observaban con una curiosidad poco disimulada, y luego preguntaban cosas de mí a mi hermana. Magdalena parecía orgullosa de poder presumir de hermano, y les decía entre risas que yo no mordía, que por qué no me lo preguntaban directamente. En las mesas de alrededor vi, mezclada, gente de todas las edades. Se oían voces, hablaban muy alto, y muchas carcajadas. Algunos se divertían con barajas de cartas, unos juegos que yo solo había visto en películas. Sostenían unas cuantas cartas en la mano, y, de

3 **la familiaridad:** Vertrautheit, Vertraulichkeit. | 8 **el casino:** hier: Gemeindezentrum, Treffpunkt für die Gemeindemitglieder. | 9 **forjado/a:** geschmiedet. | 10 **el soportal:** Vorhalle, überdachter Eingang. | 14 **el calorcillo** (dim. von *el calor*): hier etwa: leichte/angenehme Wärme. | 17 f. **disimular:** verbergen, sich verstellen. | 19 **presumir de:** prahlen/angeben mit. | 24 **la baraja de cartas** (f. pl.): Kartenspiel.

vez en cuando, tiraban una encima de la mesa y murmuraban algo. Los demás jugadores protestaban o se reían. Otros se entretenían con unas fichas redondas de colores que colocaban encima de un tablero con casillas numeradas. En un rincón vi a un hombre mayor que cantaba acompañándose de un piano viejo y desafinado. A su alrededor había un grupito de niños que lo miraban encandilados, y cuando llegaba el estribillo, todos se sumaban a la canción. Dos chicas más jóvenes que Magdalena jugaban con un perro pequeño.

Y Óscar, ¿cómo era? A mí me impactó su forma de ser. Se le veía simpático y te miraba de forma directa y franca, había luz en sus ojos. Me preguntó a qué me dedicaba, y cuando le hablé de mis estudios, de la GRS y de la siembra de nubes, me escuchó sin interrumpirme. Sin embargo, al cabo, me dijo:

– Eso que hacéis es bastante chungo, ¿no? Quiero decir que podéis acabar de desequilibrar del todo el planeta y lo dejaréis más trastocado de lo que ya está.

Y cuando vio que yo no replicaba, me dio unos golpecitos con la palma de la mano y se rio.

– Mira, ¿sabes qué te digo? Tú haz lo que creas que debes hacer, y nosotros haremos lo mismo – me dijo –. Cada cual en su línea. Y al final ya veremos si salimos del atolladero o no.

1 f. **murmurar:** murmeln. | 3 **la ficha:** Jeton, Spielstein. | 4 **el tablero:** Spielfeld, Schachbrett. | **la casilla:** Kästchen. | 6 **desafinado/a:** verstimmt. | 7 **encandilado/a:** geblendet; hier: versunken, fasziniert. | 8 **el estribillo:** Refrain. | **sumarse a algo:** sich einer Sache anschließen. | 16 **chungo/a** (fam.): schlecht, mies. | 17 **desequilibrar:** aus dem Gleichgewicht bringen. | 18 **trastocado/a:** durcheinander. | 20 **la palma de la mano:** Handfläche. | 22 f. **en su línea:** auf seine/ihre Weise. | 23 **el atolladero:** Morast; hier: Patsche.

No me extraña que Magdalena se enamorara locamente de él. El contraste con su asiduo compañero era obvio, porque Adam parecía una mala caricatura de una persona de carne y hueso. De vez en cuando, Magdalena acariciaba los brazos pecosos de Óscar y le daba un beso en el hombro. Recuerdo que lucía el tatuaje de un árbol con las raíces bien visibles en el antebrazo izquierdo. Desde luego, habría resultado imposible encontrar un chico como Óscar en Barrancos, y en la ciudad aún menos.

Sin poder evitarlo, yo miraba de reojo a los desconectados de mi alrededor y los comparaba con la gente con quien me relacionaba habitualmente, y todos ellos se me antojaban fantasmas del pasado, u hologramas que se podían borrar de un manotazo. Supe que yo no era como Magdalena, capaz de encajar en aquel ambiente tan distinto del nuestro y sentirme bien. Yo, por edad o por voluntad, ya había traspasado el umbral que me perpetuaba en cierto modo de vivir, y eso hacía imposible que pudiera probar suerte en un mundo que no fuera el mío. Para conseguirlo, se requería la fluidez de espíritu que Magdalena aún poseía, y que conservó siempre, hasta su muerte. Por el contrario, yo contemplaba el pueblo de Malkonektita y, si bien era capaz de admirar su organización, la manera tan libre de hacer las cosas, aunque fuera primitiva y arcaica, al mismo

1 **extrañarle:** erstaunen. | 2 **asiduo/a:** ständig, andauernd. | **ser obvio:** offensichtlich sein, auf der Hand liegen. | 6 **lucir** (c>zc): zur Schau stellen. | **el tatuaje:** Tattoo. | 7 **el antebrazo:** Unterarm. | 14 **el manotazo:** Schlag mit der Hand. | 16 **por voluntad** (f.): willentlich. | 17 **traspasar:** überschreiten. | **el umbral:** (Tür-)Schwelle. | **perpetuar:** bewahren. | 20 **requerir** (e>ie): erfordern. | **la fluidez:** Gewandtheit. | 24 **arcaico/a:** veraltet.

tiempo mi cabeza decía que todo aquello era una locura irreal, que aquella voluntad de vivir de una manera tan poco práctica, en desacuerdo con nuestros tiempos, era una chiquillada, una rabieta colectiva. Por más que quisiera, aquel pueblo no podía rebelarse contra la realidad ni contra un progreso que era imparable.

Y a pesar de mis convicciones, cuando Óscar me paseó por todo el pueblo y me presentó a su familia, me quedé maravillado. Fue casi como si sintiese una añoranza por un estilo de vida que nunca había sido el mío. Yo era un forastero que sabe que no pertenece al lugar: esa era la verdad.

La madre de Óscar me pareció una mujer estupenda. Era corpulenta, pelirroja como su hijo, y con la misma mirada abierta como una ventana a los cuatro vientos. En cambio, el padre tenía pinta de ogro, un ogro bueno, eso sí. Óscar tenía también dos hermanas y un hermano, todos pelirrojos.

Además, durante el paseo, entramos en otras casas y talleres. Óscar se entusiasmaba explicándome el funcionamiento de todo y las estrategias que habían tenido que adoptar los desconectados parar ganarse la vida, alejados de

3 **en desacuerdo** (m.) **con:** in Unstimmigkeit mit; hier: im Widerspruch zu. | 3 f. **la chiquillada:** Kinderei. | 4 **la rabieta:** Wutausbruch. | **por más que quisiera:** so sehr man es auch wollte. | 5 **rebelarse:** sich auflehnen. | 6 **imparable:** unaufhaltsam. | 7 **la convicción:** Überzeugung. | **pasear a alguien:** jdn. herumführen. | 9 **maravillado/a:** erstaunt. | **la añoranza:** Sehnsucht. | 11 **el forastero / la forastera:** Fremde(r). | 14 **corpulento/a:** beleibt, dick. | 15 **a los cuatro vientos:** in alle Himmelsrichtungen. | 16 **el ogro:** Menschenfresser; hier: Scheusal, Unhold. | 20 **entusiasmarse:** sich begeistern. | 22 **ganarse la vida:** seinen/ihren Lebensunterhalt verdienen.

un mundo que no les interesaba. Y yo lo escuchaba y pensaba que aquello era tan poco eficaz que no lo podía entender, pero a pesar de eso me gustaban sus razonamientos y su vehemencia.

Ignoraba cuánto tiempo llevábamos en Malkonektita, pero Magdalena, que controlaba la hora más de lo que aparentaba, consultó su reloj y me dijo que teníamos que marcharnos. Nos alejamos del pueblo y nos internamos por el bosque. Óscar y Magdalena querían caminar abrazados, y, como el sendero era estrecho, tenían que hacer auténticos equilibrios para poder avanzar sin tropezar con la maleza. Poco después volvimos a nuestro punto de partida y reencontramos la imagen patética de Adam, que continuaba rígido e inmóvil. Óscar se me acercó, me abrazó y me dijo:

– Nani, ahora que ya sabes cómo llegar a nosotros de manera discreta, ven siempre que te apetezca.

Le sonreí, pero no supe qué decir. Aquel fue el primer día que lo vi, y también el último. A continuación, él y Magdalena se abrazaron y se dieron un beso larguísimo. Óscar se fue por el bosque, como un corzo. Al poco tiempo, oímos tres silbidos cortos y tres largos. Magdalena le respondió de la misma manera. Cuando comprobó que nos habíamos quedado los dos solos, mi hermana me miró y me dijo:

4 **la vehemencia:** Nachdruck, Begeisterung. | 7 **aparentar** (e>ie): scheinen, erscheinen. | 8 **internarse:** eindringen; hier: hineingehen. | 10 f. **hacer equilibrios** (m. pl.): Balanceakte vollführen. | 11 **tropezar:** stolpern. | 12 f. **el punto de partida** (f.): Ausgangspunkt. | 13 **reencontrar:** wiederfinden. | **patético/a:** bewegend, ergreifend. | 21 **el corzo:** Rehbock.

– ¿Estás listo para ver cómo despierto a Adam? Cuando vuelva en sí, estará aturdido, desorientado, como si hubiese tenido una pesadilla. Tú no digas nada.

Acepté asintiendo con la cabeza. Entonces ella se colocó al lado del tronco de la cruz y contó lentamente hasta tres antes de dar el empujón a Adam. Yo cerré los ojos y esperé a que el otro reaccionara.

2 **volver** (o>ue) **en sí:** zu sich kommen. | **aturdido/a:** verblüfft. |
3 **la pesadilla:** Albtraum.

Capítulo diez

Aquella extraña visita a Malkonektita me impactó. Había descubierto la vida secreta de Magdalena y su relación amorosa con Óscar. Me debatí durante horas entre hablar con mis padres de la cuestión o no. Sabía que, si lo hacía, provocaría una crisis familiar. Mis padres quedarían indignados y asustados a la vez, por las consecuencias que todo ello pudiese acarrear. Además, Magdalena se pondría furiosa conmigo por haber traicionado su confianza. Finalmente, preferí callar, y quizá ese fue el error más grande de mi vida.

En cuanto Magdalena y yo pudimos hablar, a solas, antes de que yo volviera a la ciudad, me preguntó qué me habían parecido Óscar y su familia. Le dije que los había encontrado encantadores, sobre todo a él, Óscar, pero enseguida añadí:

– Yo que tú me andaría con mucho tiento, hermanita.

Al oír aquello, hizo una mueca de contrariedad y me pidió que no le estropease la ilusión, porque hacía mucho que no se sentía tan feliz. Me dijo que, desde que había conocido a Óscar, también se encontraba mejor y no había tenido casi ningún mareo. Sin embargo, yo creí que mi deber era advertirle sobre el peligro de lo que estaba haciendo, especialmente en lo concerniente a Adam.

– Hay cosas de los otros que nosotros no sabemos ni entendemos del todo – le advertí –. Adoptar a uno de los otros

4 **debatirse:** mit etwas ringen. | 6 **indignado/a:** empört. | 8 **acarrear:** verursachen. | **furioso/a:** wütend. | 14 **encantador/a:** reizend, bezaubernd. | 16 **andar con tiento** (m.): vorsichtig sein. | 17 **la contrariedad:** Ärger, Verdruss. | 21 **el deber:** Pflicht. | 23 **concerniente a:** bezüglich, hinsichtlich. | 25 **del todo:** ganz, vollständig.

no es lo mismo que si tuvieses un perro o un gato de compañía en casa. Los otros son inteligentes, a su modo; de hecho, a veces, más inteligentes que nosotros. Están siempre conectados a un equipo de expertos que realizan el seguimiento de sus vidas de manera exhaustiva.

– ¿A qué te refieres, Nani? ¿Crees que Adam se puede volver contra mí o contra Óscar, y nos podría hacer daño?

Le tomé las manos para tranquilizarla y le dije que no me refería a ese tipo de peligro. Pero cuando me preguntó cuál era el riesgo entonces, no supe qué responderle. En realidad, ni yo mismo lo sabía. Solo tenía una fuerte intuición, como una bola de plomo, que me decía que nuestra convivencia con los otros era complicada porque no estábamos hechos de la misma carne, y nuestros cerebros y nuestros corazones no funcionaban del mismo modo (para empezar, ellos ni tan siquiera tenían un corazón). Y esa misma intuición me advertía de las complicaciones que podría acarrear que se descubriera que ella se infiltraba en Malkonektita; y lo que aún era más grave, que mantenía relaciones amorosas con un desconectado. No estoy diciendo que la división entre nosotros y los desconectados fuera como la que hubo en tiempos pasados entre personas de diferentes etnias. No conocía ninguna ley escrita que prohibiera que alguien se enamorase de un desconectado, o al revés, pero simplemente era algo que resultaba casi impensable.

Como suele ocurrir cuando una cosa te inquieta profundamente, yo sentí la necesidad de confiar en alguien: necesita-

5 **exhaustivo/a:** gründlich. | 18 **infiltrarse en algo:** sich in etwas einschleusen. | 20 **la división:** Trennung. | 26 **soler** (o>ue) **hacer algo:** etwas zu tun pflegen. | 27 **confiar en alguien:** sich jdm. anvertrauen.

ba aliados. En este caso, mis padres quedaban descartados, y Armengol era demasiado bruto, no me hubiese entendido o se hubiera burlado al oír mis escrúpulos. La única persona a quien podía contárselo era Nadia. Por eso, el primer día que la volví a ver, no en la facultad sino en su casa, me sinceré. Cuando hube acabado mi larga explicación, me dio un beso y me acarició la cabeza. Ella, que siempre me sorprendía con sus reacciones, de entrada no dijo nada. Primero preparó un par de infusiones y cortó una manzana en pedacitos. Luego bebió un sorbo de su bebida caliente, comió un trozo de manzana, y oí el crujido de la fruta mientras la masticaba. Por un instante, pensé que tal vez a ella no le interesaban en absoluto mi vida ni los posibles problemas de mi hermana y del otro. Quizá me había equivocado de confidente y Nadia no me serviría de apoyo.

– ¿Sabes que eres más ingenuo de lo que pensaba, Nani? – me dijo después de un buen rato, y volvió a acariciarme la cabeza.

La miré extrañado y le pedí con los ojos que se explicara mejor. Me comentó entonces que había muchas cosas de ella que yo ignoraba, y que probablemente era mejor así.

– Solo te diré que no siempre he trabajado en el campo de la geoingeniería. Y ahora, cuando te escucho hablar de tu hermana, de Adam y del chico desconectado, ese tal Óscar, es como si volviese a otra época de mi vida, a un tiempo en el que todo eso hubiera tenido una relevancia considerable

1 **el aliado / la aliada:** Verbündete(r). | **descartar:** ausschließen. | 3 **el escrúpulo:** Gewissensbiss. | 5 f. **sincerarse:** sich aussprechen. | 9 f. **el pedazo:** Stück. | 11 **el crujido:** Knacken, Knirschen. | 14 f. **el/la confidente:** Vertrauensperson. | 15 **servir** (e>i) **de apoyo** (m.): als Stütze dienen. | 16 **ingenuo/a:** naiv (*la ingenuidad:* Naivität). | 19 **extrañado/a:** erstaunt.

en lo que yo hacía. Y no me preguntes cuál era mi trabajo porque no te lo puedo explicar. Se trata de una cuestión de seguridad. Pero si te hablo de ingenuidad es porque veo que tú, como mucha otra gente, creéis que Malkonektita es una comunidad que surgió espontáneamente de las personas que fueron a vivir allí. Y no es así, Nani, te lo puedo asegurar. En todo el mundo hay comunidades parecidas, con un estilo de vida bastante similar; con unos planteamientos que son casi calcados los unos de los otros. Y no dudo en absoluto de la intención y la sinceridad de ese amigo de tu hermana cuando te cuenta cómo se organizan y te describe el funcionamiento de su pueblo. Lo más probable es que ni él ni el resto de los habitantes de Malkonektita sepan cómo nació realmente la idea de construirlo. A estas alturas, nadie se acuerda, y, si algún viejo aún conserva un resquicio de memoria, pensará que da igual, que la cuestión es que el pueblo ha pervivido de la mejor manera posible. Ninguno de sus habitantes querrá admitir que la historia de su comunidad no tiene nada que ver con la utopía de crear una sociedad que querían que fuese más justa según sus creencias. Todos han borrado el recuerdo del anzuelo que utilizó el Gobierno para atraer a la gente a participar en aquel proyecto; un anzuelo que tenía muchas facetas, desde el alojamiento gratuito hasta las tierras de cosecha subvencionadas o las tentadoras ayudas económicas que se ofrecieron al principio.

8 **el planteamiento:** Ansatz, Entwurf. | 9 **calcado/a:** abpausen, nachahmen. | 10 **la sinceridad:** Ehrlichkeit. | 14 **a estas alturas:** zu diesem Zeitpunkt. | 15 **el resquicio:** Schimmer. | 17 **pervivir:** weiterleben, am Leben bleiben. | 20 **la creencia:** Glaubensvorstellung. | 21 **el anzuelo:** Köder. | 23 **la faceta:** Seite, Facette. | 25 **tentador/a:** verlockend, verführerisch.

De repente, Nadia se interrumpió. Tuve la sensación de que no quería continuar, o quizá no era una cuestión de ganas; tal vez creía más conveniente no hacerlo. Se comió el último pedazo de manzana que quedaba en el plato y cerró los ojos. Esperé sin insistir.

– Imagino lo que estarás pensando, Nani, porque eres una persona inteligente – retomó por fin el hilo –. La pregunta que seguramente te baila en la cabeza es la más obvia: ¿para qué iba a hacer una cosa así el Gobierno? La respuesta es compleja, y yo no tengo todas las piezas del rompecabezas. Lo que sé, por ejemplo, es que una asociación internacional de neoantropólogos presionó a sus respectivos Gobiernos para que hiciesen posible aquel experimento sobre el comportamiento humano. Tenía que ser un experimento en tiempo real, que se iría desarrollando a medida que aquellas comunidades se consolidasen y encontrasen o, mejor dicho, reencontrasen unas formas de vida que parecían completamente obsoletas. ¿Por qué? ¿Cuál es el interés de cualquier experimento, ya sea en el campo de las ciencias puras como en el del estudio del comportamiento humano? Los estudiosos quieren constatar una serie de hipótesis, observar lo que pasa en un marco delimitado, en unas circunstancias precisas y controlables. En fin, no estoy segura, pero diría que la cosa iba por ahí.

Con aquellas palabras, Nadia concluyó su explicación. Me quedé a su lado, quieto, con la sospecha de que algo se había roto en mi interior. Me dolía el contraste entre lo que ella me acababa de contar y las escenas que había presencia-

12 **neoantropólogo/a:** neoantropologisch. | **respectivo/a:** jeweilig. | 22 **el marco:** Rahmen. | **delimitado/a:** begrenzt, abgegrenzt. | 23 **controlable:** kontrollierbar. | 25 **concluir:** enden, abschließen.

do durante mi breve visita a Malkonektita. De pronto, todas aquellas personas, mayores y pequeños, con sus actividades, sus risas, sus juegos y quehaceres, se habían convertido en unos títeres al servicio de un plan malintencionado y poco escrupuloso. Imaginaba que alguien, en alguna parte, fuese donde fuese, los estudiaba y seguía sus vidas, como quien se agacha para observar un rato la vida de las hormigas en el hormiguero.

Hasta al cabo de un par de horas no volví a sacar el tema de los desconectados. Dije a Nadia que mi responsabilidad era explicar a Óscar y a su familia lo que ella me había revelado, porque los habitantes de Malkonektita tenían el derecho de saberlo. Nadia me miró con la misma expresión de distancia que solía adoptar cuando me dirigía la palabra en la clase de la facultad, y me dijo:

– Ni se te ocurra. En primer lugar, los desconectados no te entenderían o creerían que quieres fastidiarlos o ridiculizarlos. Esto no es ninguna broma. Hay gente muy poderosa detrás, gente capaz de … Bueno, basta, zanjemos el tema. Eso sí, quiero que me jures que no hablarás con nadie de todo lo que te he contado. Júramelo, Nani.

Y claro está, se lo juré.

3 **el quehacer:** Aufgabe. | 4 **el títere:** Handpuppe, Marionette. | **malintencionado/a:** arglistig. | 5 **escrupuloso/a:** anständig; gewissenhaft. | 7 **agacharse:** sich bücken. | 8 **el hormiguero:** Ameisenhaufen. | 16 **ni se te ocurra** (loc.): denk nicht mal dran. | **en primer lugar:** zuerst. | 17f. **ridiculizar:** lächerlich machen. | 18 **poderoso/a:** mächtig. | 19 **zanjar:** beilegen, aus der Welt schaffen.

Capítulo once

Las semanas que siguieron a aquella conversación fueron de una cierta calma. No volví a hablar del tema con Nadia, y ella no hizo ninguna referencia. Por lo que pudiese pasar o para no ser testigo de lo que sucedía, evité ir a Barrancos. Cuando hablaba con Magdalena por el *handy*, yo no le preguntaba por Óscar ni hablaba de Malkonektita. Era como si creyese que, evitando el tema, podría evitar males mayores. Claro que solo por el timbre de voz de mi hermana ya detectaba que la relación con Óscar y su familia no había terminado; al contrario. «¡Últimamente estoy tan contenta, Nani!», me decía en un tono entusiasmado y como a la espera de que le preguntara el motivo de su alegría. Sin embargo, yo me limitaba a decirle que era una suerte que todo le fuese mejor. Y aunque es probable que Magdalena hubiese preferido más complicidad por mi parte, no se atrevía a pedírmela. En cuanto a Adam, cuando yo le preguntaba por él, sus respuestas eran vagas. Me decía que estaba bien, y a veces admitía que últimamente lo encontraba un poco soso, más reservado, como si recelara de algo. Pero después se echaba a reír y me aseguraba que debía de ser solo una impresión suya, porque sabía de sobras que los otros no sufren las inquietudes y zozobras propias de los humanos.

Y llegaron las vacaciones de Navidad. Yo ya sabía que no

8 **el mal:** Übel. | 9 **el timbre de voz** (f.): hier: Klang der Stimme. | 16 **la complicidad:** Beihilfe, Komplizenschaft. | 18 **vago/a:** hier: vage, ungenau. | 20 **soso/a:** fade. | **recelar:** argwöhnen, skeptisch gegenüberstehen. | 21 **echarse a:** anfangen zu. | 22 **de sobras** (f. pl.): zu Genüge, reichlich. | 23 **la zozobra:** Beklemmung.

podía negarme a ir a Barrancos y, en realidad, también lo hubiese echado mucho de menos. No había nada más triste que quedarme solo en la ciudad en esas fechas. Armengol se moría de ganas de volver a su casa, al Campo Medio. Y cuando le pregunté a Nadia qué planes tenía para las fiestas, me respondió con una de sus típicas evasivas: un poco de familia, un poco de amigos, esto y aquello ... Siempre que la oía hablar de aquel modo me daba cuenta de lo poco que sabía yo de su vida, más allá de la facultad y de nuestros encuentros amorosos en su casa. Ignoraba si sus padres vivían en la ciudad, cómo eran, o si tenía hermanos. Y nunca me presentó a ninguno de sus amigos.

La comida del día de Navidad fue en casa de los abuelos, como era tradición. Nos reuníamos todo el mogollón: tíos y tías, primos ... Mi abuela, que nunca se acabó de acostumbrar a la presencia de los otros y los evitaba siempre que podía, puso mala cara cuando supo que también iría Adam.

– Si como mínimo comiese, pero es que no come ... – protestó.

Recuerdo que cuando nosotros cuatro, con Adam detrás, llegamos a su casa, mi abuela nos deseó felices Navidades y nos besuqueó. Después se dirigió al otro y le habló como si fuese corto de entendederas:

– Hola, Adam. ¿Sabes quién soy?

Adam la miró inmóvil y al cabo de un segundo respondió:

14 **el mogollón:** Haufen. | 17 **poner mala cara** (fam.): unfreundlich schauen. | 23 **besuquear:** abküssen. | 24 **ser corto/a de entendederas** (f. pl.): schwer von Begriff sein.

– Usted es la señora Mercedes, la abuela de Magdalena.

– Muy bien, majo. Pues ahora espérate aquí.

Nosotros también nos quedamos en el recibidor, intrigados por averiguar qué pretendía hacer. Entonces, volvió enseguida con un taburete que siempre tenía en la cocina y que usaba cuando estaba cansada y preparaba cosas en la encimera.

– Ven conmigo, Adam – le dijo.

Antes de obedecer, el otro miró a Magdalena, como si esperase sus instrucciones, y mi hermana le dijo que hiciera caso a la abuela. La imagen era bastante curiosa: mi abuela, pequeña y frágil, con el taburete en la mano, tirando de la mano de Adam, alto y fornido, hacia el comedor. Allí plantó el taburete en el rincón más alejado de la mesa y le dijo a Adam que se sentase y que no hacía falta que se moviera en todo el rato. Y eso es exactamente lo que Adam hizo; así se pasó la comida entera. Mientras nosotros nos pegamos un atracón (caldo, pollo relleno y turrones), y nos pusimos medio piripis con el vino y el champán, el pobre Adam estuvo sentado en su taburete igual que un niño a quien han castigado en un rincón de la clase. He de reconocer que aquel día sentí un poco de pena por él, porque se lo veía tan poco integrado, tan distinto de nosotros, con su actitud

2 **el majo / la maja:** netter/fescher Kerl, nettes/fesches Mädchen. | 3 **el recibidor:** Eingangsbereich. | 5 **el taburete:** Hocker. | 7 **la encimera:** Arbeitsfläche. | 10 f. **hacer caso a alg.:** jdm. gehorchen. | 13 **fornido/a:** stämmig, kräftig. | 17 f. **pegarse un atracón** (fam.): schlemmen (*el atracón:* Schlemmerei). | 18 **relleno/a:** gefüllt, mit Füllung. | **el turrón:** harte oder weiche Nuss-/Mandel- oder Nugathonigtafel (typisch spanische Weihnachtsspezialität). | 19 **piripi** (fam.): leicht beschwipst. | **el champán:** Sekt.

diligente, siempre a punto para recibir instrucciones de Magdalena o de quien fuera, especialmente de mi abuela, ya que eso era lo que le había mandado mi hermana ... Apenas en un par de ocasiones Magdalena lo miró, le guiñó un ojo y le preguntó si estaba bien. Él le dijo que sí, que no tenía por qué preocuparse. Solo en el brindis tras los cafés, mi madre, con la copa de champán en la mano, le dijo:

– ¡Feliz Navidad, Adam!

– ¡Felices Navidades para todos! – dijo el otro, con un tono de voz un poco más alto que de costumbre.

La sorpresa llegó en Nochevieja de la mano de Magdalena. Habíamos cenado en casa y mi madre estaba muy animada. Nos había estado recreando con todo tipo de anécdotas y recuerdos de cuando éramos pequeños. Ella sabía que no había cosa que nos hiciese disfrutar más, a mi hermana y a mí, que escuchar las bobadas que hacíamos en nuestra niñez. De vez en cuando, Magdalena protestaba y le decía que aquello era imposible, que se lo debía de estar inventando.

– Que no, Magdalena, te juro que no me invento nada – se defendía mi madre entre carcajadas –. Y si no te lo crees, pregúntaselo a papá.

Mi padre corroboraba la anécdota, pero también dejaba caer que, probablemente, ella exageraba.

Yo había quedado para salir con unos amigos después de medianoche. Eran los pocos, de los viejos tiempos, que conservaba en Barrancos. A las doce menos cinco ya lo

1 **diligente:** aufmerksam. | 4 **guiñar un ojo a alg.:** jdm. zuzwinkern. | 11 **de la mano de:** von Seiten. | 13 **recrear:** amüsieren, unterhalten. | 16 **la bobada:** Dummheit, Quatsch. | 17 **la niñez:** Kindheit.

teníamos todo a punto: los platos con las doce uvas delante, a la espera de las campanadas. Adam nos observaba con atención desde su sitio habitual, la silla un poco apartada de la mesa. Pese a que él no tenía uvas, Magdalena le explicó cómo funcionaba la tradición navideña.

Dong, dong, dong ...

Mientras sonaban las campanadas, nos apresurábamos a engullir las uvas sin descontarnos ni avanzarnos a los toques. Cuando ya había sonado el último, nos pusimos de pie y nos abrazamos y nos besuqueamos. «¡Feliz Año Nuevo! ¡Feliz Año Nuevo!» ...

Repentinamente me compadecí otra vez de Adam. Y en un impulso que me sorprendió a mí mismo, miré a Magdalena y le sugerí que le deseara feliz año. Lo hizo sin ningún entusiasmo. Si en aquel momento yo hubiese sabido lo que mi hermana estaba a punto de anunciar, habría entendido mejor su reticencia. Ya me preparaba para salir de fiesta cuando Magdalena nos preguntó a todos cuáles eran nuestros buenos propósitos para el año que acababa de empezar. Aquello me sorprendió porque en casa nunca lo habíamos hecho. No recuerdo bien qué dijeron mis padres. Cuando llegó mi turno, por decir algo, aseguré que iría más

1 **tener a punto** (m.): bereithalten. | **las doce uvas:** die zwölf Weintrauben: In Spanien ist es Tradition, an Silvester um Mitternacht zu jedem Glockenschlag eine Weintraube zu essen. Wer es schafft, die 12 Trauben zeitgleich mit den Glockenschlägen aufzuessen, soll im neuen Jahr viel Glück und Erfolg haben. | 2 **la campanada:** Glockenschlag. | 7 **apresurarse:** sich beeilen. | 8 **engullir:** hinunterschlucken. | **descontarse** (o>ue): sich verzählen. | **avanzarse a:** auslassen, vorzeitig etwas tun. | 8 f. **el toque:** hier: Glockenschlag. | 12 **repentinamente:** plötzlich. | **compadecerse** (c>zc) **de alg.:** mit jdm. Mitleid haben. | 17 **la reticencia:** Widerwille.

a menudo a Barrancos. Mi madre me miró con una sonrisa, aunque en su mirada leía que dudaba de mis buenos propósitos.

– ¿Y tú, Magdalena? ¿Cuáles son tus deseos de año nuevo? – le pregunté.

Enseguida nos dimos cuenta de que aquel era el momento que ella había estado esperando toda la noche. Antes de hablar, enderezó la espalda, como para darse ánimos.

– He decidido que quiero que devolváis a Adam porque ya no lo necesito – anunció.

Nosotros no supimos qué responder. De reojo observé a Adam, pero no pude detectar ninguna reacción en él, nada fuera de lo normal. El primero que replicó fue mi padre. Dijo que aquella decisión no podía tomarse a la ligera, que antes haría falta hablar de ello con calma, en otra ocasión y no en una noche festiva como aquella. Tuve la sensación de que mi padre sintió vergüenza por estar discutiendo sobre el futuro de Adam como si se tratara de un electrodoméstico estropeado que hubiera que llevar al desguace o tirar en la chatarrería.

A pesar de todo, Magdalena insistió. Argumentó que hacía semanas que no había tenido ningún episodio de mareo, que se sentía más fuerte, más animada y mejor que nunca; hasta que mi madre le paró los pies y zanjó la conversación. Entonces, Magdalena se calló e hizo algo que me sorprendió. Se colocó detrás de Adam, apoyada en el respaldo de la

8 **enderezar:** gerade biegen. | **darse ánimos:** sich Mut machen (*el ánimo:* Mut). | 14 **tomarse a la ligera** (fig.): auf die leichte Schulter nehmen. | 18 f. **el electrodoméstico:** Elektrogerät. | 19 **el desguace:** Verschrottung. | 20 **la chatarrería:** Schrotthandel. | 24 **parar los pies a alguien** (fam.): jdn. zur Räson bringen. | 26 **el respaldo:** Rückenlehne.

silla, lo abrazó por detrás y le dio un beso. Era el beso de Judas.

– Lo comprendo. Me resituaré rápidamente, con los reajustes que hagan falta – fue la respuesta inesperada del otro –. No hace falta que me compadezcas, Magdalena, estoy bien.

Al oírlo, mis padres y yo desviamos la mirada y no nos atrevimos a añadir nada más. Durante el resto de la noche, mientras intentaba divertirme con mis amigos, no pude evitar pensar más de una vez en la propuesta de Magdalena. Había oído comentar a ciertos conocidos que devolver a uno de los otros, habiéndote sido asignado como asistencia IA de manera personalizada y, por tanto, habiéndolo adoptado, era un proceso lento y complicado. Era necesario pasar unas pruebas de idoneidad y de fortaleza psicológica; se tenían que esgrimir argumentos convincentes y que explicaran exactamente por qué razón se prescindía de la ayuda del otro. De la misma forma que conseguir la adopción era difícil, el proceso inverso tampoco era nada fácil, como si las autoridades desconfiaran de la persona que aseguraba que ya no lo necesitaba, como si escondiera alguna razón inconfesable.

1f. **el beso de Judas:** Judaskuss (hinterhältige, heuchlerische Freundlichkeit; mit dem Judaskuss verriet Judas Jesus an die Römer). | 3 **resituarse:** sich neu positionieren. | 3f. **el reajuste:** Neuanpassung, Neueinstellung. | 7 **desviar la mirada:** den Blick abwenden, vom Thema ablenken. | 15 **la idoneidad:** Tauglichkeit, Fähigkeit. | **la fortaleza:** Stärke, Standhaftigkeit. | 16 **convincente:** überzeugend, stichhaltig. | 17 **prescindir de:** verzichten auf. | 19 **inverso/a:** umgekehrt. | 22 **inconfesable:** schändlich, unaussprechlich.

A la mañana siguiente me despertaron unos gritos procedentes de la cocina. Intenté ignorarlos porque me dolía la cabeza y tenía resaca. Pero cuando me di cuenta de que la cosa no aflojaba, fui a ver qué pasaba. Me encontré con la escena de mi madre y Magdalena peleándose como perros y gatos. Mi padre no estaba. Desde la puerta de la cocina, Adam las miraba en silencio. Lo aparté con suavidad para poder pasar y me planté entre mi madre y mi hermana.

– ¿Se puede saber qué diablos pasa? – dije demasiado fuerte, porque la cabeza me retumbaba.

– Pasa que esta niña se ha vuelto loca, eso es lo que pasa – me dijo mi madre, exasperada.

Magdalena intentó defenderse; dijo que ya no era una niña, que tampoco era una inválida. Les pedí que no gritasen, que me dolía la cabeza, y cuando se hubieron calmado un poco, me contaron de qué iba la cosa. Por supuesto, enseguida lo entendí; y también adiviné las intenciones secretas de Magdalena. Aparentemente, lo único que había pedido era que la dejasen salir unas cuantas horas sola, sin Adam, para demostrar que era capaz y que la asistencia IA no le resultaba imprescindible. En cambio, para mi madre, aquello no se podía improvisar, había que hacerlo bien, con el asesoramiento de expertos y con el visto bueno de los médicos.

– ¿Médicos? ¿Para qué necesito médicos yo? ¡No estoy

1f. **procedente de:** aus (Richtung). | 3 **tener resaca** (f.): einen Kater haben. | 4 **aflojar:** nachlassen, abflauen. | 7 **la suavidad:** Sanftheit. | 10 **retumbar:** dröhnen. | 12 **exasperado/a:** erzürnt, erbost. | 14 **el/la inválido/a:** Schwerbehinderte(r). | 16 **de qué va la cosa:** um was geht es. | 17 **adivinar:** erraten. | 18 **aparentemente:** anscheinend. | 21 **imprescindible:** unumgänglich, unerlässlich. | 22f. **el asesoramiento:** Beratung. | 23 **el visto bueno:** Absegnung.

enferma! ¿Tan difícil resulta de entender? – vociferó mi hermana.

En ese instante decidí que era preferible apoyar a Magdalena por una simple razón: evitar una de sus incursiones a Malkonektita que comportaban dejar a Adam paralizado al lado del tronco de la cruz. Desde mi conversación con Nadia acerca de los desconectados, todo lo referente a la vigilancia de aquel modo de vida me parecía más sospechoso que nunca.

Jugando el rol del hermano mayor, comprensivo y razonable a la vez, le dije a mi madre que era conveniente que diésemos un voto de confianza a Magdalena, por una vez. Pero también la halagué diciéndole que coincidía con ella, y que estaba seguro de que Magdalena no pretendía deshacerse de Adam a lo bruto. Aquí no pude evitar una mirada hacia el otro, que seguía nuestra conversación con aparente interés pero sin decir ni pío. Después me saqué de la manga una historia complicada sobre que, justamente, tenía interés en que Adam viese conmigo unas filmaciones de nuestras últimas expediciones de siembra de nubes realizadas unas semanas atrás.

– ¿Te gustaría verlas, Adam? – sugerí al otro, y él, sumiso, me dijo que sí.

1 **vociferar:** brüllen. | 4 **la incursión:** Eindringen. | 7 **referente a:** in Bezug auf. | 7 f. **la vigilancia:** Überwachung. | 8 **sospechoso/a:** verdächtig. | 10 **comprensivo/a:** verständnisvoll, einsichtig. | 10 f. **razonable:** vernünftig. | 12 **el voto de confianza** (f.): Vertrauensvotum. | **por una vez:** ausnahmsweise. | 13 **halagar:** schmeicheln. | 14 f. **deshacerse de:** loswerden wollen. | 15 **a lo bruto:** rücksichtslos; hier: auf grobe Weise. | 16 **aparente:** sichtbar. | 17 **sin decir ni pío** (m.; fam.): ohne einen Piep zu sagen. | 19 **la filmación:** Film, Aufnahme. | 22 f. **sumiso/a:** gehorsam.

Al fin, mi madre cedió, pero, mientras señalaba su reloj con un dedo, ordenó a Magdalena que volviera antes de las dos de la tarde. Por suerte no le preguntó adónde quería ir. Mientras me llevaba a Adam a mi habitación, tuve tiempo de oír a mi hermana que pedía un vehículo a través de su *handy*. «Tiene que ser un 4×4, un vehículo todoterreno», especificó mientras hacía la reserva. Con aquello no necesité preguntar nada parar saber cuáles eran sus intenciones.

Por mi parte, alargué tanto como pude mi sesión de filmaciones con Adam. Le conté todo tipo de detalles técnicos, y él me hizo preguntas precisas y acertadas, mucho más inteligentes que las que me hubiesen hecho la mayoría de los habitantes de Barrancos. Cuando ya era casi la hora de comer, le propuse que nos sentáramos en la galería para charlar un poco más hasta que llegara mi hermana; no quería verlo esperar a Magdalena solo en la puerta, como un perrito que aguarda la llegada de su dueña.

No había tenido tiempo para pensar de qué podíamos hablar, y me dejé llevar por la espontaneidad del momento.

– Adam, ayer oíste lo que propuso Magdalena, ¿no? ¿De verdad lo entendiste?

– Sí, perfectamente.

– ¿Y qué crees que sentirías si tuvieses que abandonar esta casa e interrumpir tus servicios como asistente IA de mi hermana?

Me miró con sus ojos verdes y su cara agraciada, de actor antiguo. No sonrió, pero tampoco hizo ninguna mueca de contrariedad.

1 **al fin:** endlich. | 6 **el vehículo todoterreno:** Geländewagen. | 7 **especificar:** genauer angeben. | 11 **acertado/a:** treffend, passend. | 26 **agraciado/a:** gut aussehend.

– En concreto, ¿qué quieres saber, Nani? – me preguntó.

– Si te da lástima la posibilidad de dejar de ver a Magdalena, o si la echarías de menos en tu nueva vida.

Esta vez tardó en responder. Parecía que quisiera cavilar la cuestión con detenimiento.

– Podría ..., podría darme lástima. También podría echarla de menos.

– ¿Podrías? No te acabo de entender.

– Que, si quisiera, podría buscar un programa que ofreciera posibilidades como «generar tristeza por la separación inminente de la persona que te ha adoptado»; también podría incluir la variante «echar de menos o mostrar apego» y añadir unos cuantos elementos para que se note en mi voz y en mi expresión facial. Tenemos programas para todo tipo de emociones sintéticas, pero hay muchas que utilizamos raramente. Una vez descargado y activado el programa, cualquiera que me observara pensaría que me da lástima marcharme de esta casa y dejar a Magdalena. Incluso podría añadir la opción de extrañar a vuestros padres, o a ti, pero dudo que fuese necesario, ¿verdad?

Lo miré fijamente a los ojos, y le pregunté:

– Todo eso está muy bien, y lo entiendo, Adam, pero tú ... ¿Tú qué sientes de verdad?

– Nani, me temo que no acabas de entender nuestro funcionamiento. Para mí, para nosotros, no hay nada que sea «de verdad».

Su respuesta fue como un mazazo en la cabeza.

5 **cavilar:** grübeln. | 6 **con detenimiento:** ausführlich (*el detenimiento:* Verzögerung). | 12 **inminente:** nahe bevorstehend. | 13 **el apego:** Zuneigung. | 20 **extrañar:** hier: vermissen. | 28 **el mazazo:** Keulenschlag.

– Ve a esperar a Magdalena. Necesito estar solo – le dije con la voz algo quebrada.

Él se levantó de la silla, igual que un alumno aplicado que no quiere contradecir al maestro, y me dijo en su tono imperturbable:

– Hasta luego, Nani. Gracias por haberme enseñado las filmaciones de la siembra de nubes.

A las dos y cinco volvió Magdalena, y enseguida me abrazó. En cuanto se me acercó para hablarme al oído, detecté un aroma a Malkonektita.

– Gracias, hermanito, te debo una – me dijo en un susurro –. ¡Ah, por cierto, Óscar y su familia te desean un feliz año nuevo!

2 **quebrado/a:** brüchig. | 3 **aplicado/a:** fleißig. | 4 f. **imperturbable:** unerschütterlich. | 11 **te debo una** (fam.): ich schulde dir was. | 11 f. **el susurro:** Flüstern.

Capítulo doce

Fue Armengol, como un pájaro de mal agüero, quien me anunció la noticia. Habíamos coincidido en el tren de regreso del Campo Medio y durante el trayecto cada uno explicó su versión de las vacaciones (pese a que yo le escondí algunos episodios de las mías). Era ya de noche cuando me gritó desde su habitación:

– ¡Por cierto, Nani, la abeja ha volado definitivamente!

Cuando le pregunté a qué se refería, solo añadió que mirase mi *handy*. Recuerdo que yo estaba tendido en la cama y, antes de agarrar mi *handy*, sentí una punzada en mi interior, como si una fiera me hubiese desgarrado por dentro. Si Armengol hablaba de una «abeja», solo podía hacer referencia a Nadia.

Este es el mensaje que leí en la pantalla:

Por la presente comunicación informamos a los alumnos de GRS *que este trimestre la profesora Nadia De Neef ya no impartirá dicha asignatura. Por razones personales, la profesora De Neef ha dejado el cuerpo docente de nuestra facultad. La sustituirá el profesor Frank Wenger, investigador con una larga y sólida trayectoria en el campo de la geoingeniería. Los horarios lectivos se respetarán y, si hubiera algún cam-*

2 **de mal agüero:** Unheil verkündend (*el agüero:* Vorbedeutung, Omen). | 3 f. **el regreso:** Rückfahrt. | 5 **pese a que:** obwohl. | 12 **la punzada:** Stich. | 13 **la fiera:** Raubtier. | **desgarrar:** zerreißen, zerfetzen. | 18 f. **impartir:** hier: lehren. | 19 **dicho/a:** besagt. | 20 **el cuerpo docente:** Lehrkörper. | 23 **lectivo/a:** Schul..., Unterrichts...

bio con relación al primer trimestre, se informará con la debida antelación.
Fdo.: Jefe del Departamento de Geoingeniería

Lo leí repetidas veces con incredulidad. Poco después, Armengol apareció y se plantó al lado de la puerta de mi habitación.

– ¿Tú sabías algo de esto? Quiero decir, ¿ella te avisó?

Le dije que no, en absoluto. Pasamos un rato especulando sobre los posibles motivos que habrían podido empujar a Nadia a tomar una decisión como aquella, pero ninguno de los dos tenía ni idea.

– ¿Acaso os peleasteis antes de las vacaciones? – me preguntó.

Le respondí lo mismo: no. Armengol se encogió de hombros y me aconsejó que no me lo tomara demasiado a pecho. Antes de volver a su habitación, me miró y me dijo:

– Nani, siempre tuve la sensación de que esa tía no era de fiar. Recuerda lo que te dije el primer día que la vi. Aquella pose … – Y se fue sin terminar la frase.

En cuanto me quedé solo, llamé a Nadia, pero no obtuve respuesta. De forma obsesiva, la llamé cada diez minutos hasta la medianoche, y no respondió ni una sola vez. No quise dejar ningún mensaje de voz porque me parecía inútil.

1 f. **debido/a:** angemessen. | 2 **con antelación** (f.): mit zeitlichem Vorlauf, rechtzeitig. | 3 **Fdo.:** ***firmado:*** gezeichnet. | **el jefe / la jefa de departamento** (m.): Abteilungsleiter(in), Fachleiter(in). | 9 **empujar:** drängen. | 14 f. **encogerse de hombros** (m. pl.): die Schultern zucken. | 15 **tomarse a pecho** (m.): sich zu Herzen nehmen.

Pasaron tres días antes de que ella diera señales de vida. Entretanto, retomamos las clases y conocimos al profesor que sustituía a Nadia. Aunque fuera un buen académico, a mí me pareció horrible, con su barba bien recortada, su voz ampulosa y el trato de «usted» que nos dispensaba, con una pose entre engreída y rígida. Todo en él subrayaba la diferencia con la forma de enseñar de Nadia, que a mí me sedujo desde el primer día. Por el contrario, Armengol no se quejó de él y se limitó a comentar que, efectivamente, era «algo petulante y mil veces más feo que la abeja».

Entonces, recibí este mensaje en el *handy*:

Nani, lo siento mucho. Las cosas han ido así, y no pude decirte adiós como me hubiese gustado. No intentes hacer ninguna idiotez. No nos veremos más, pero no es culpa tuya, tú no tienes nada que ver, te lo aseguro. No preguntes por mí a nadie de la facultad, porque me pondrías las cosas aún más difíciles y potencialmente podría resultar peligroso. No me busques en ninguna parte, no me vas a encontrar. Además, a partir de este momento pienso suicidarme digitalmente, y ya sabes lo que eso significa, ¿verdad? Tras mandar este mensaje, mi handy *dejará de funcionar. Me gustaría poder decirte muchas cosas, pero no hay tiempo. Por tu seguridad, te aconsejo que borres todas las fotos que tengas de mí y que suprimas todos nuestros mensajes y conversaciones*

2 **retomar:** wiederaufnehmen. | 4f. **recortado/a:** gestutzt. | 5 **ampuloso/a:** geschwollen. | 5f. **dispensar:** zuteil werden lassen. | 6 **engreído/a:** eingebildet. | 7 **subrayar:** unterstreichen. | 10 **petulante:** arrogant, selbstgefällig. | 15 **la idiotez:** Dummheit. | 16 **tener que ver con:** zu tun haben mit. | 18 **potencialmente:** potenziell.

guardados en tus dispositivos, incluido este mensaje que estás leyendo.

Siempre tuya. Nadia

Me entraron ganas de arrojar el *handy* al suelo, pero antes quise hacer una comprobación. Marqué el número de Nadia, y al instante saltó una voz grabada, fría e impersonal, que me informó de que aquel número no correspondía a ningún abonado. A continuación, probé a entrar en el It'sMe de Nadia. Ya no existía. Repetí la operación en todas las plataformas digitales de la Telaraña y obtuve el mismo resultado: el vacío total. Lo que me asustó de verdad fue cuando descubrí que incluso habían desaparecido las páginas de información de su perfil académico. ¿Era ella misma quien lo había borrado? Aquella eliminación completa … ¿había sido obra suya o había más gente implicada en borrar a Nadia De Neef de la faz de la tierra?

Me quedé mucho rato tendido en la cama, en posición fetal, sintiendo un sudor frío por todo el cuerpo y un agujero negro dentro de mí que crecía y crecía sin parar … No sé cuánto tiempo pasó hasta que me incorporé y agarré el *handy*. Con paciencia obstinada, seguí los consejos de Nadia en su último mensaje. Eliminé todas las comunicaciones y fotos, a excepción de una. En la fotografía se la veía de pie, en el campo de aviación, después de un vuelo que hici-

1 **el dispositivo:** Gerät. | 4 **arrojar:** werfen, schleudern. | 5 **la comprobación:** Überprüfung, Stichprobe. | 8 **el abonado / la abonada:** Abonnent(in). | 14 f. **la eliminación:** Beseitigung, Entfernung. | 16 **implicar:** verwickeln. | **la faz:** Gesicht, Antlitz. | 21 **incorporarse:** sich aufrichten. | 22 **obstinado/a:** starrköpfig. | 23 **eliminar:** löschen.

mos. Vestía su conjunto de piloto, las manos en las caderas, las piernas un poco separadas. Sonreía, con aquella boca generosa, la nariz grande, los ojos grandes, el pelo corto, la barbilla algo alzada. Era una «tía chula», tal como la había calificado Armengol, tal cual.

Esa foto fue lo único que conservé de Nadia, y aún la guardo. Lo primero que hice al día siguiente fue ir a su casa. Llamé a la puerta y me quedé esperando en el rellano, como un acreedor que exige el pago de unas deudas. Pegué la oreja a la puerta para ver si detectaba algún ruido dentro, aunque se me antojaba extraño que Nadia pudiese estar escondida en el piso, ese lugar que había sido nuestro espacio compartido, nuestro refugio sagrado. Después de una larga e inútil espera, bajé las escaleras despacio, de una en una. Al llegar a la calle, supe que la aventura finalizaba allí: nunca más volvería a ver a Nadia.

A partir de entonces, todo empezó a torcerse a una velocidad extraordinaria. El gusano de la angustia, gordo y repugnante, me devoraba sin parar. Pronto dejé de ir a las clases de la facultad. Muchas mañanas, Armengol llamaba a la puerta de mi habitación y me animaba a levantarme, pero yo lo ignoraba o lo mandaba a hacer puñetas. Pasado un tiempo se dio cuenta de que no valía la pena insistir, y me dejó por un caso perdido. Yo me pasaba las horas en la ca-

1 **el conjunto:** Ensemble; hier: Anzug. | 5 **calificar:** beurteilen, bezeichnen. | **tal cual:** einfach so. | 8 **el rellano:** Treppenabsatz. | 9 **el acreedor / la acreedora:** Gläubiger(in). | 14 **de una en una:** eine nach der anderen, einzeln. | 17 **torcerse** (o>ue): hier: auf Abwege geraten. | 18 f. **repugnante:** widerlich. | 19 **devorar:** auffressen. | 22 **hacer puñetas** (vulg.): sich zum Teufel scheren (*la puñeta* [vulg.]: Scheiß, dummes Zeug).

ma, envuelto en una espiral de pensamientos obsesivos que no me conducían a ninguna parte. Había dos preguntas que sobresalían entre las demás, y que me atosigaban hasta hacerme daño. Primera: ¿por qué razón Nadia había decidido desaparecer? Segunda: ¿quién era ella en realidad? Y si lo pienso bien, quizá la segunda me martirizaba más que la primera. Se me ocurrían todo tipo de ideas absurdas; tal vez Nadia trabajaba al servicio de una trama oculta y nunca había jugado limpio conmigo. ¿Pero cuál habría sido la finalidad de su engaño? ¿Qué interés podía tener ella en mí, más allá de nuestra relación sentimental?

Como quien ha perdido un anillo en la playa, me pasaba horas metiendo los dedos en aquella confusión de arena fina, una arena que estaba hecha de recuerdos y conversaciones que había mantenido con Nadia; buscaba indicios, puntos reveladores. Una de las charlas que me repetía más a menudo fue la del día que le conté lo de Magdalena y Malkonektita, y ella compartió conmigo ciertos aspectos que conocía de los desconectados. ¿Cómo era posible que ella supiera cosas que la mayoría de la gente ignoraba de aquella comunidad? ¿Cuál había sido su vínculo o conexión? ¿De qué había trabajado antes de ser profesora y para quién?

Por otra parte, era consciente de que no podía exigir ninguna explicación a los responsables académicos de nuestra facultad. Al fin y al cabo, ¿quién era yo? Un estudiante de Geoingeniería, especializado en GRS, igual que muchos. Si

1 **la espiral:** Spirale. | 2 **conducir:** hier: bringen. | 3 **atosigar:** drängen, belästigen. | 6 **martirizar:** quälen. | 8 **la trama:** Intrige, Komplott. | 9 **jugar limpio:** fair spielen; hier: ehrlich sein. | 9 f. **la finalidad:** Ziel, Zweck, Absicht. | 10 **el engaño:** Betrug. | 16 **revelador/a:** aufschlussreich.

había mantenido una relación amorosa con la profesora Nadia De Neef, no le interesaba a nadie, ni me otorgaba ningún derecho especial a la hora de pedir explicaciones sobre lo que le había pasado; al contrario.

Así pues, lo único que me quedaba de Nadia eran unos recuerdos que no podía compartir con nadie, y una única foto. Y la inmensa angustia de no poder saber dónde estaba y si aún estaba viva.

En medio de mi estado de amodorramiento absoluto, una de las pocas cosas que hice fue telefonear a Magdalena. Le dije que era muy importante que dejase de ir a Malkonektita, y, cuando me pidió una razón, le expliqué que no podía responderle, pero que me hiciese caso, que no lo decía porque sí. «Es peligroso, Magdalena, te lo aseguro», le insistí. Ella no me preguntó nada más, pero ahora sé que no quiso escuchar mis advertencias.

Lo cierto era que yo parecía un loco, un enajenado. Vivía encerrado en mi habitación, que se había convertido en mi madriguera. Jugaba a videojuegos sin parar, comía cualquier porquería. A ratos, agarraba el *handy* y, mientras miraba la foto de Nadia, le hablaba en voz alta. Le preguntaba por qué había huido, dónde estaba, o si pensaba volver algún día … Otras veces me entraban ataques de rabia y la acusaba de ser una mentirosa, de montar aquel numerito tan solo para

2 **otorgar:** gewähren, einräumen. | 9 **el amodorramiento:** Schlaftrunkenheit. | 14 **porque sí:** einfach so. | 16 **la advertencia:** Warnung. | 17 **enajenado/a:** verrückt, geisteskrank. | 18 **encerrarse** (e>ie): sich einsperren. | 19 **la madriguera:** Bau, Schlupfwinkel. | 20 **la porquería:** Schweinefraß; hier (fig.): Mist, Dreck. | **a ratos:** von Zeit zu Zeit. | 24 **el mentiroso / la mentirosa:** Lügner(in). | **montar un numerito** (dim.) / **número:** eine Show abziehen.

abandonarme. Y a pesar de ello, era consciente de que nadie emprende una serie de acciones tan radicales como aquellas sin un motivo de peso o si no es por fuerza mayor.

Las cosas se complicaron cuando mi inatención al It'sMe empezó a pasarme factura. Hacía semanas que no subía ninguna foto ni añadía ningún comentario o historia de mi vida cotidiana; aquello era un desierto, y yo pasaba completamente. De entrada, recibí los típicos mensajes de los amigos y conocidos que me preguntaban qué me ocurría. Los otros mensajes, los más siniestros, no se hicieron esperar: eran los de la vigilancia anónima. Hasta que un buen día, quizá fuesen las once o las doce de la mañana, alguien llamó con insistencia a la puerta del piso. Lo ignoré un buen rato, pero, como los golpes no cesaban, me levanté para abrir. Aún andaba en pijama. En el rellano me encontré a una mujer de unos treinta años que me miró sin decir nada; su actitud era seria. Vestía traje de chaqueta gris claro, el pelo corto. En la mano sostenía una carpeta digital de color azul.

Pasados unos segundos, dijo mi nombre y yo le pregunté qué quería. Se presentó: dijo llamarse Laura y que venía de parte de los servicios sociales de It'sMe, una rama de la empresa que solo actuaba en contadas ocasiones, aplicando un protocolo de seguimiento. Me pidió si podía pasar porque quería que charlásemos un rato; no tuve fuerzas para negar-

2 **emprender:** unternehmen, in Angriff nehmen. | 3 **de peso** (m.): schwerwiegend. | **la fuerza mayor:** höhere Gewalt. | 4 **la inatención:** Unaufmerksamkeit. | 5 **pasar factura** (f.): eine Rechnung ausstellen; hier (fig.): Tribut fordern. | 7 **pasar:** hier: ignorieren. | 10 **siniestro/a:** unheilvoll. | 14 **cesar:** aufhören. | 22 **contado/a:** selten, wenig. | **aplicar:** anwenden. | 23 **el protocolo de seguimiento:** Überwachungsprotokoll (*el seguimiento:* Verfolgung).

me. Le ofrecí que se sentara en nuestro viejo y gastado sofá, que había comprado de segunda mano a medias con Armengol. Yo ocupé una silla, delante de ella, a poca distancia.

– ¿Le apetece un vaso de agua? Me dijo que no.

Y a continuación empezó el interrogatorio:

– ¿Qué te pasa, Nani?

– Nada, no me pasa nada. ¿Qué quiere que me pase?

– Hemos comprobado desde hace días que tu presencia en It'sMe es prácticamente nula, y eso nos preocupa. Nos preocupa mucho.

– No tengo nada de interés que pueda subir. Mi vida en este momento tiene un interés cero para el mundo que me rodea y para mí mismo.

– ¿Me podrías informar de las causas de ese estado de apatía general?

– ¿A usted no le ha pasado nunca? Ilusión cero, ganas cero, concentración cero, cero todo …

– También hemos rastreado tus actividades y vemos que no acudes a la universidad desde hace mucho tiempo. En lo que llevamos de trimestre, has ido poquísimas veces. ¿A qué se debe tal desafección?

– Se lo repito, no se debe a nada. Me aburro, no me interesa lo más mínimo lo que nos enseñan en clase. Lo más probable es que ya no vuelva más, que abandone mis estudios de Geoingeniería.

– Aquí hay algo que no me cuadra. Hasta las vacaciones

5 **el interrogatorio:** Verhör. | 9 **nulo/a:** nichtig; hier: gleich null. | 13 **rodear:** umgeben. | 15 **la apatía:** Gleichgültigkeit. | 18 **rastrear:** durchkämmen, durchsuchen. | 19 **acudir a:** sich einfinden in. | 21 **deberse a algo:** auf etwas zurückzuführen sein. | **la desafección:** Widerwille. | 26 **cuadrar:** passen.

de Navidad, habías sido un alumno modelo. Sacabas notas excelentes y eras uno de los estudiantes más brillantes de tu curso. Y de repente, las cosas se estropean y te encuentro en este estado, como si hubieses sufrido una desgracia. Y lo que es más preocupante, cuando te pregunto cuáles son las razones de tu malestar, te escabulles y sales con excusas.

De pronto me entró un ataque de pánico. Intuí que, si seguíamos por ese camino y ella no dejaba de insistir, tarde o temprano acabaría hablando de Nadia, y debía evitarlo a toda costa. Por otra parte, yo ignoraba qué tipo de información tenían ellos, los de It'sMe, sobre Nadia. ¿Qué sucedía cuando alguien cancelaba su cuenta de It'sMe, dentro del plan de suicidio digital? ¿Es que los administradores tenían derecho a investigar las posibles causas de esa ausencia? ¿Organizaban una batida de todos los contactos más próximos a la persona desaparecida, para ver si podían sacar algo en claro?

Me levanté de la silla, como si me pincharan, y le dije que la conversación había acabado, que hiciese el favor de marcharse inmediatamente de mi casa. Ella reaccionó con sorpresa, no se lo esperaba en absoluto; quizá era la primera vez que le ocurría una cosa así.

– Estás cometiendo un grave error, Nani – iba diciendo mientras yo la empujaba hacia el recibidor –. No puedes rehuir tus compromisos sociales en la Telaraña. Ya sabes que las consecuencias, a la larga, podrían resultar desastrosas.

1 **el alumno modelo / la alumna modelo:** Musterschüler(in). | 4 **la desgracia:** Unglück. | 6 **el malestar:** Unwohlsein. | **escabullir:** sich aus dem Staub machen. | **salir con excusas** (f. pl.): sich in Ausreden flüchten. | 9 f. **a toda costa** (fig.): um jeden Preis. | 15 **la batida:** Treibjagd. | 16 **sacar algo en claro:** ans Licht bringen. | 23 f. **rehuir:** meiden. | 25 **a la larga:** auf lange Sicht. | **desastroso/a:** katastrophal.

– ¡Fuera, fuera de mi casa ahora mismo! – dije yo, casi chillando.

Cuando la saqué al rellano, cerré con un portazo. Luego, con las piernas temblando, me desplomé en el sofá. Pensé que acababa de cometer una locura, pero me resultaba imposible predecir lo que podría pasar, y en aquel momento me importaba un comino.

Por la noche, cuando Armengol llegó a casa, me encontró tendido en el sofá.

– Nani, esto no puede continuar así – me dijo.

Le di la razón, pero no me moví.

3 **cerré con un portazo:** ich knallte die Tür zu (*el portazo:* Zuschlagen einer Tür). | 4 **desplomarse:** zusammenbrechen. | 5 **la locura:** Dummheit. | 6 **predecir:** vorhersagen. | 7 **importarle un comino** (fam.): völlig egal sein (*el comino:* Kümmel).

Capítulo trece

Con la primavera, llegaron las lluvias y un poco de serenidad para mí. De hecho, trajeron la alegría a todo el mundo, porque el invierno había sido extremadamente seco y durante un tiempo tuvimos la sensación de que nos íbamos a quedar en una sequía permanente.

Poco a poco, me fui acostumbrando a la idea de que no volvería a ver a Nadia nunca más, tal como ella misma había predicho en su mensaje final. Nuestra relación había sido intensa pero breve, y eso hacía que cada vez me resultara más difícil evocar mis recuerdos; las imágenes se desvanecían rápidamente con el paso del tiempo. Y como relacionaba los estudios de Geoingeniería con Nadia y se me hacían insufribles, decidí abandonarlos. Quería cambiar de carrera y apuntarme a una ingeniería más tradicional.

Dado que faltaban bastantes meses para iniciar un nuevo curso y no me apetecía volver a Barrancos, acepté un trabajo temporal de dependiente en una tienda que vendía todo tipo de material electrónico de segunda mano. El negocio se llamaba Connexion, y parecía un escarnio de Malkonektita: el único interés de la gente que entraba en la tienda era comprar o vender aparatos para estar siempre conectados. El encargado era un hombre que debía de rondar la cincuentena, con el cráneo completamente rapado y una barba larga

2f. **la serenidad:** Gelassenheit. | 6 **la sequía:** Dürre. | 11f. **desvanecerse:** verschwinden, sich auflösen. | 14 **insufrible:** unerträglich. | 16 **dado que:** dadurch, dass. | 20 **el escarnio:** Spott, Hohn; hier: Verhöhnung. | 23 **el encargado / la encargada:** Geschäftsführer(in). | **rondar (los … años):** um die … Jahre alt sein. | 23f. **la cincuentena:** etwa fünfzig. | 24 **el cráneo:** Schädel.

y rubia, como la de un vikingo. Siempre vestía camisetas negras de manga corta que dejaban al descubierto sus brazos llenos de tatuajes. Se llamaba Kurt y, además del negocio, tenía una pasión: los coches antiguos sin chófer automático. Cada día aparcaba su Peugeot descapotable rojo enfrente de la tienda. Era uno de los poquísimos vehículos de esas características con permiso de circulación, y Kurt estaba muy orgulloso.

Por mi parte, a pesar de mi congoja casi enfermiza, fui rehaciendo una vida en It'sMe. A menudo subía fotos de mí, de Kurt y de la otra dependienta, los tres sonriendo en el mostrador de la tienda, con los pulgares hacia arriba. Los *hashtags* que solía poner eran del tipo: #ConnexionForever, #MyLifeAsAGamer. Compartía lo que fuera, le daba al *like* y a los emoticonos como un poseso; cuantas más sonrisas, mejor. Un día recibí un mensaje personal de Laura, la mujer que me había visitado en casa: «Me alegra ver que has sabido salir adelante. Enhorabuena, Nani». Al leerlo, me sentí un traidor a no sé exactamente qué causa.

Mi familia solo había seguido mi crisis de lejos, pero eran conscientes de que ahora las cosas me iban un poco mejor y se alegraban. No hablábamos muy a menudo y, cuando lo hacíamos, era con muchas reservas por mi parte. Me parecía increíble que siendo más joven les hubiese contado todo lo

1 **el vikingo / la vikinga:** Wikinger(in). | 5 **el descapotable:** Cabriolet. | 7 **el permiso de circulación** (f.): Fahrzeugbrief; hier: Betriebserlaubnis. | 9 **la congoja:** Schmerz, Niedergeschlagenheit. | **enfermizo/a:** krankhaft. | 9 f. **rehacer:** wieder aufbauen, wiederherstellen. | 12 **el mostrador:** Verkaufstheke. | 15 **el emoticono:** Smiley, Emoticon. | **el poseso / la posesa:** Besessene(r). | 23 **con muchas reservas:** mit großer Zurückhaltung.

que me atormentaba; en cambio, ahora les escondía gran parte de mi vida interior. Más de una vez le pregunté a mi madre cómo seguían las cosas entre Magdalena y Adam, pero sus respuestas tampoco eran claras. Deduje que mi hermana no había insistido más sobre la cuestión de deshacerse del otro, y que mis padres se mantenían al margen en la medida de lo posible. Imaginaba que Magdalena había encontrado cierto equilibrio entre su vida secreta en Malkonektita, y el día a día con Adam a su lado. Al fin y al cabo, quizá eso resultaba más fácil que tener que enfrentarse a complicadas gestiones para devolver al otro.

Un día, debía de ser a mediados de abril, vi en las noticias que toda la zona del Campo Medio había quedado muy afectada por unos aguaceros como no se habían visto nunca; lluvias torrenciales, granizo y unos vendavales que parecían auténticos huracanes. Enseguida llamé a casa, y mi padre me explicó que había sido un desastre para las cosechas; muchas plantas bajas de las casas y de las tiendas habían quedado inundadas y también había carreteras cortadas.

– Imagínate – me dijo –, la riada se llevó el puente de San Bernardo como si fuera de juguete, para que te hagas una idea de los desastres que hemos sufrido.

La verdad es que en ningún momento pensé cómo habrían afectado aquellas tempestades a Malkonektita. El

1 **atormentar a alg.:** jdn. quälen. | 6 **mantenerse:** bleiben. | 6 f. **en la medida de lo posible:** im Rahmen des Möglichen. | 12 **a mediados de abril:** Mitte April. | 14 **afectado/a:** betroffen. | **el aguacero:** Platzregen. | 15 **torrencial:** sintflutartig. | **el vendaval:** Sturm. | 16 **el huracán:** Orkan. | 18 **la planta baja:** Erdgeschoss. | 21 **la riada:** Hochwasser. | 25 **la tempestad:** Unwetter.

mundo de los desconectados no era el mío. Por aquel entonces, me quedaba muy lejos.

Fue un lunes por la mañana. Yo estaba en la tienda y llevaba un rato charlando con Kurt y la dependienta, que tenía mi edad. A principios de semana el negocio flojeaba y entraban pocos clientes. Noté la vibración de mi *handy* en el bolsillo. Me aparté un poco del mostrador y de la caja registradora, que era el corazón de la tienda, y antes de responder miré quién me llamaba. Me sorprendió que fuese mi madre, porque ella no me telefoneaba nunca en horas de trabajo.

– ¿Nani? Nani, tienes que venir inmediatamente, ¿me oyes?

Cuando le pregunté qué pasaba, no me respondió. Se echó a llorar y me repitió que fuese enseguida. Le dije que iría tan pronto como pudiese. Me quedé con el *handy* en la mano, sin moverme. Kurt y la dependienta me vieron la cara y me preguntaron si me encontraba bien.

– Tengo que ir a Barrancos. No sé qué pasa, pero parece grave – dije, y a duras penas podía hablar.

Entonces Kurt tomó las riendas de la situación. Inmediatamente sugirió que, para que no perdiera tiempo, fuésemos en su descapotable rojo. Imagino que, en aquellas circunstancias, Kurt decidió ser útil y ayudarme, más allá de cualquier otra consideración. Pidió a la dependienta que se hiciese cargo de la tienda mientras nosotros estábamos fuera y se puso su chaqueta de cuero negro mientras me suge-

1f. **por aquel entonces:** damals. | 5 **flojear:** schwach/wenig sein. | 19 **grave:** schwerwiegend. | **a duras penas:** mit Mühe und Not. | 20 **la rienda:** Zügel. | 24 **la consideración:** Überlegung, Erwägung. | 25 **hacerse cargo** (m.) **de:** etwas übernehmen.

ría que bebiese un vaso de agua antes de marcharnos. Le agradecí infinitamente que no me preguntara nada. Durante el trayecto desde la ciudad a Barrancos apenas hablamos; Kurt iba concentrado en la conducción y yo intentaba no adelantarme a los acontecimientos. Por los altavoces del coche oía la curiosa música de unos monjes de voces graves y unas campanas resonantes que no parecían de este mundo.

Cuando llegamos a mi casa, Kurt apagó el motor y me dijo que él se volvía a la tienda, que no me preocupara y que no tenía que regresar hasta que las cosas se hubieran solucionado.

– Gracias, Kurt, mil gracias, de veras.

Me miró y me chocó la mano de la forma que lo hacía siempre, pulgar contra pulgar.

– Buena suerte – me deseó antes de irse montado en su coche de dirección manual.

Aún tardé un momento antes de empujar la puerta de casa. Aquella era la antesala; más allá me esperaba lo peor. En cuanto me oyeron entrar, mis padres vinieron corriendo a recibirme. Estaban solos, no había nadie más. Nunca en la vida los había visto tan envejecidos, tan estropeados. Mi madre lloraba, mi padre no. Los dos quisieron abrazarme. No llegué a formular la pregunta más natural: dónde estaba Magdalena. No me hizo falta, en sus caras ya pude leer el desastre. Al cabo de unos minutos pedí verla. Mi padre se ofreció a acompañarme.

5 **adelantarse a los acontecimientos:** voreilige Schlüsse ziehen (*el acontecimiento:* Ereignis, Begebenheit). | 7 **resonante:** nachhallend, nachklingend. | 13 **de veras:** wirklich. | 17 **la dirección manual:** Gangschaltung. | 19 **la antesala:** Vorzimmer. | 22 **envejecido/a:** gealtert.

Recuerdo la sensación extraña de bajar al depósito del instituto forense; yo no dejaba de observar las pequeñas cosas, como si aquello pudiese socorrerme. Me fijaba en las baldosas blancas de la pared, en una mancha más oscura en el suelo, en el silencio de aquel sitio, solo roto por nuestros pasos, en la luz que entraba por una claraboya, en la tos nerviosa de mi padre …

Fue él quien dijo el nombre y los apellidos de mi hermana, y el joven que ya nos esperaba asintió con la cabeza. Abrió una portezuela metálica y tiró de una camilla. Allí estaba Magdalena, muy blanca, muy quieta. El chico dejó el rostro de ella al descubierto, la sábana debajo de la barbilla. Con cuidado, le acaricié la frente. En un lado de la cabeza tenía una herida grande, como si hubiese recibido un fuerte golpe. A continuación, quise estrechar por última vez su mano zurda, su mano contrahecha. Aparté la sábana y se la tomé, quedándomela entre mis manos, como si con aquel gesto pudiera darle calor o devolverle un poco de vida.

Unos minutos después, el chico de la bata blanca nos preguntó si ya habíamos acabado, y mi padre y yo dijimos que sí.

En aquel momento yo aún desconocía que en la cámara frigorífica de al lado yacía el cuerpo sin vida de Óscar. Lo único que sabía era que mi hermana estaba muerta. El resto, el cómo, tardó un poco más en llegar.

1 **el depósito:** hier: Leichenhalle. | 3 **socorrer:** retten. | 4 **la baldosa:** Fliese. | 5 **roto/a:** hier: gestört. | 6 **la claraboya:** Oberlicht. | 10 **la portezuela:** Tür. | **la camilla:** Bahre. | 16 **contrahecho/a:** verwachsen. | 20 **la bata:** Kittel. | 24 **yacer:** liegen.

El funeral de Magdalena fue espeluznante. Durante todo el rato que duró, pensé que el capellán era lamentable y que mis padres se lo hubiesen podido ahorrar. Por incongruente que parezca, el único que me proporcionó un poco de consuelo fue Armengol, con su cara de circunstancias, la camisa abotonada hasta el último botón, que le ceñía demasiado el cuello porque le iba un poco estrecha. El gran ausente del funeral fue Adam, pero nadie lo mencionó.

Antes y después de la ceremonia, escuché el relato de los hechos, que se iba repitiendo, alterando o acortando, según a quién fuese dirigido. Mientras atendía a cómo mis padres lo contaban a alguien de la familia o a otros conocidos, pensaba que aquello era lo que iba a permanecer, aquellas palabras y frases se solidificarían hasta convertirse en un «ocurrió así», como una especie de losa grabada para concluir el capítulo de dos vidas humanas.

1 **el funeral:** Beerdigung. | **espeluznante:** haarsträubend. | 2 **el capellán:** Kaplan. | **lamentable:** bedauerlich; hier: jämmerlich. | 3 **incongruente:** unvereinbar. | 4 **proporcionar:** verschaffen, bringen. | 5 **la cara de circunstancias** (f. pl.): ein entsprechendes Gesicht. | 6 **abotonar:** zuknöpfen. | 10 **alterar:** verändern, verfälschen. | **acortar:** kürzen. | 11 **atender** (e>ie): hier: zuhören. | 14 **solidificarse:** sich verfestigen. | 15 **la losa:** Grabstein, Fliese.

Capítulo catorce

Este es el relato de los hechos, o uno de los posibles relatos …

El domingo fue el primer día en que no llovió. Magdalena se había comportado como un animal enjaulado mientras duraron los aguaceros. Estaba siempre de mala uva, se tomaba el temporal como si fuese un ultraje contra ella. Así que, cuando por fin ese domingo vio que hacía buen tiempo, anunció que iba a salir. Mis padres le exigieron que se llevara a Adam, y ella no se opuso. Antes de reservar el vehículo, mantuvo una breve charla con Adam.

Esta es su transcripción, obtenida, como el resto del material, de la caja negra de Adam:

– Ya era hora, por fin vamos a tomar el aire.

– ¿Tomar el aire?

– Sí, Adam. Me refiero a que saldremos a pasear. ¿Tienes ganas?

– Si tú tienes ganas, yo también. ¿Adónde quieres ir?

– Ah, eso ya lo descubrirás …

– Magdalena, te recuerdo que hay muchas carreteras cortadas, y caminos que han quedado intransitables.

– Ya lo sé, pesado, pero no te preocupes, que iremos con cuidado.

– De acuerdo, pero no nos podemos poner en ninguna situación de riesgo, ¿queda claro?

2 **el relato:** Schilderung, Bericht. | 4 **enjaulado/a:** eingesperrt. | 5 **estar de mala uva** (fam.): schlecht gelaunt sein. | 6 **el ultraje:** Beleidigung. | 10 **la charla:** zwanglose Unterhaltung, Plauderei. | 13 **tomar el aire:** Luft schnappen. | 19 f. **cortado/a:** hier: gesperrt. | 20 **intransitable:** nicht begehbar, nicht befahrbar.

Me pregunto si en aquel momento Adam era consciente de las intenciones de Magdalena. ¿Era capaz de calibrar las posibilidades de que ella quisiera ir a Malkonektita, teniendo en cuenta el porcentaje de veces que habían ido en aquella dirección?

Nunca lo sabremos del todo. Me consta, sin embargo, que aquel día ella reservó un 4x4, igual que las otras veces, y se dirigió a Malkonektita. Por lo que parece, cuando ya estaban en la pista de tierra que conducía al punto secreto del pino de la cruz, el terreno se encontraba en tan mal estado por culpa del agua y de los corrimientos de tierras que el vehículo automatizado se negó a continuar. El conductor virtual argumentó que podrían quedar encallados y el rescate sería complicado. Después informó a Magdalena de que iba a regresar a su central, en Barrancos. Ella tenía que escoger entre quedarse o volver en coche.

Y mi hermana decidió quedarse. Debió de ordenar a Adam que descendiera del vehículo. Sabemos que el coche llegó de vuelta a la base al cabo de veinte minutos.

He aquí la última conversación que se conserva entre Magdalena y Adam:

– A partir de aquí tendremos que continuar a pie, pero yo sé que eres fuerte y no te va a costar nada.

– No se trata de fuerza física, Magdalena. Me parece una mala idea meternos por caminos que se encuentran en pési-

2 **calibrar:** abschätzen, abwägen. | 11 **el corrimiento de tierras** (f. pl.): Erdrutsch. | 13 **encallar:** fest sitzen, nicht vorankommen. | **el rescate:** Rettung. | 18 **descender** (e>ie): hier: aussteigen. | 25 f. **pésimo/a:** äußerst schlecht.

mas condiciones. Resultaría fácil que te cayeses, que te torcieras un tobillo o que te lastimaras.

– *No, ¿no ves lo bien que ando? Iremos despacito.* (Pausa). *Si quieres, Adam, podemos agarrarnos de la mano, así será más seguro. Venga, cantemos, que quien canta sus males espanta.*

(Se oye a Magdalena tarareando una melodía sin letra, y a Adam intentando acompañarla sin mucha gracia).

– *Ya casi estamos. No ha sido tan duro como pensabas, ¿verdad?*

– *Magdalena, este sitio no me gusta. Se me acaban de disparar los* warnings. *Considero que lo más sensato sería retroceder, ahora que aún estamos a tiempo.*

– *No. Ya dijimos que ese rollo de los* warnings *es porque debes de tener algo mal ajustado y hay que arreglarlo.*

– *¿Cómo puedes saberlo tú? Magdalena, te lo pido, hazme caso y no me hagas utilizar la fuerza.*

(Pausa).

– *Pero ¿qué estás diciendo? No querrás que me enfade, ¿verdad, Adam?*

– *No, claro que no, pero hay situaciones extremas que requieren reacciones extremas. Es una de las primeras lecciones que aprendimos. Magdalena, haz el favor de recular.*

(Pausa).

1 f. **torcerse el tobillo:** sich den Knöchel verstauchen. | 2 **lastimarse:** sich verletzen. | 3 **despacito** (dim. von *despacio*): ganz langsam. | 5 f. **quien canta sus males espanta** (loc.): wer singt, vertreibt seine Sorgen (*espantar:* erschrecken). | 7 **tararear:** trällern, summen. | **la letra:** hier: Liedtext. | 8 **la gracia:** Grazie. | 12 **sensato/a:** vernünftig. | 12 f. **retroceder:** zurückgehen. | 13 **a tiempo** (m.): rechtzeitig. | 14 **el rollo:** Geschichte; hier (fam.): Gequatsche. | 15 **ajustado/a:** eingestellt.

– De acuerdo, ahora volvemos a Barrancos. Pido otro coche y nos vendrá a buscar enseguida. Pero antes tienes que hacerme un favor.

– ¿Qué favor?

– Tienes que darme un abrazo, y luego volveremos.

(Pausa).

– No te muevas.

– ¡Pero si no me he movido! ¿Lo ves? Estoy completamente quieta. Ven, Adam, cielo, necesito que me abraces. (Pausa). *Unos pasos más …*

– Magdalena, Magdalena, Magdalena …

Ahí termina la grabación, la última que se encontró en la caja negra de Adam.

No obstante, en la reconstrucción de los hechos, yo cuento con una ligera ventaja respecto al resto de la gente; porque lo que debió de suceder luego en el bosque no podía ser muy distinto de lo que yo presencié el día que estuve allí.

Me lo imagino … Adam acaba de quedarse encallado o paralizado al lado del tronco. Magdalena toma el silbato y llama a Óscar. Al cabo de un poco, él le responde y se reúnen. Están contentos porque hace muchos días que no se han visto a causa del mal tiempo. Lo primero que hacen cuando llegan a Malkonektita es ir a casa de la familia de Óscar. Allí pasan un rato y luego Óscar propone a Magdalena ir al Pico del Congrio, que es el punto más alto de todo el territorio de los desconectados, y que está coronado por una mole de piedra que ofrece un aspecto prehistórico. Le dice

27 **coronado/a:** gekrönt. | 28 **la mole:** Masse, massige Gestalt.

que desde allí arriba, en un día como aquel, con el cielo limpio y sin un ápice de niebla, la vista será magnífica. Además, podrán observar las desgracias que se han producido con las tormentas. Su padre le deja el *jeep*, que es un viejo vehículo con motor de gasolina y, evidentemente, no está dotado de conductor automático. A pesar de su juventud, Óscar ya sabe conducir, puesto que es una de las primeras cosas que aprenden los jóvenes de Malkonektita. Su madre les advierte del mal estado de los caminos y les pide que sean muy prudentes. La cuestión es que emprenden la excursión. Esa es la última vez que la familia de Óscar lo ve con vida.

¿Qué pasó exactamente a partir de ahí? Imposible averiguarlo. Hay, sin embargo, algunos hechos objetivos. A unos quinientos metros del Pico del Congrio, la pista se estrecha, y en el lado derecho se abre un precipicio donde la pared de la montaña baja prácticamente en vertical. Por culpa de los aguaceros, hubo derrumbamientos considerables, y una parte del camino desapareció; el paso que quedó era más estrecho de lo habitual.

¿Cómo es posible que Óscar, viendo el estado del terreno, se atreviese a continuar? ¿Fue por culpa de su inexperiencia? ¿Fue por un exceso de orgullo, para no quedar como un cobarde delante de Magdalena? ¿Qué dijo ella? ¿Tuvo miedo o dudas? ¿Le pidió a Óscar que desistieran y volvieran atrás? Tampoco lo sabremos nunca, porque los humanos no estamos equipados con una caja negra que grabe todo lo que decimos, como tienen los otros. Nosotros

6 **dotado/a:** bestückt, ausgestattet. | 16 **el precipicio:** Abgrund. | 22 f. **la inexperiencia:** Unerfahrenheit. | 23 **el exceso de orgullo** (m.): Übermut. | 25 **desistir:** aufgeben, ablassen (von).

debemos confiar en la memoria y en lo que puedan explicar los testigos. Y, en este caso, no quedó ninguno con vida.

Por lo que declararon los técnicos que analizaron el lugar del accidente, es probable que una parte del camino, que a simple vista parecía sólido, no fuese más que una capa superficial de tierra y piedras, sin suficiente consistencia para soportar el peso del *jeep*. Al pasar por aquel punto débil, el camino se vino abajo, el vehículo perdió el equilibrio y se precipitó por el barranco. La caída debió de ser espantosa porque el *jeep* no se detuvo hasta unos cincuenta metros más abajo, chocando de roca en roca todo el tiempo. Es posible que Óscar no tuviese abrochado el cinturón de seguridad, porque su cuerpo salió disparado del vehículo y quedó destrozado. El de Magdalena, extrañamente, quedó intacto, solo con aquel gran golpe en la cabeza que vi en el depósito de cadáveres.

Cuando los padres de Óscar vieron que los chicos no volvían, empezaron a preocuparse, y al final avisaron a la policía. Un equipo de rescate de montaña y una dotación de bomberos acudieron enseguida desde Barrancos. Recuperar los cuerpos no fue nada fácil porque el terreno era muy agreste y no se podía llegar así como así. Al final tuvieron que usar cuerdas y técnicas de rescate de escalada.

4 f. **a simple vista** (f.): mit bloßem Auge. | 9 **precipitarse:** sich hinabstürzen. | **el barranco:** Abgrund, Schlucht. | **espantoso/a:** enorm, ungeheuer. | 11 **la roca:** Fels. | 12 **abrochar:** anlegen. | 13 **salir disparado/a:** herausschießen. | 14 **destrozado/a:** zerstört, zerfetzt. | **intacto/a:** unversehrt, intakt. | 19 **la dotación:** Mannschaft. | 20 f. **recuperar:** hier: bergen. | 22 **agreste:** holprig, wild. | **así como así:** hier etwa: einfach so, ohne Weiteres. | 23 **el rescate de escalada:** Bergrettung (*la escalada:* Klettern).

Paralelamente a eso, se disparó otra alarma. Al saber de la desgracia, mis padres informaron a las autoridades de que, cuando Magdalena había salido de casa para ir de excursión, iba acompañada como siempre de su Actif-8 Adam, a quien tenía adoptado. ¿Dónde estaba el otro, pues?

Se formaron dos equipos de búsqueda, el de dentro del perímetro de Malkonektita, formado exclusivamente por humanos, y el de fuera, que consistía en una mezcla de humanos y de algunos de los otros, especializados en salvamento. Precisamente fue uno de los otros el que encontró a Adam, tal como lo había dejado Magdalena horas antes, inmóvil junto al tronco marcado con la cruz. Pero tuvo que ser un hombre el que lo desencalló de aquel sitio. La señal del tronco despertó un vivo interés entre los investigadores del caso, pero no había testigos que pudieran explicar para qué servía exactamente ni quién la había marcado. El único que hubiese podido aportar un poco de luz habría sido yo. Pero cuando la policía me preguntó si estaba al corriente de aquella ruta secreta que Magdalena había utilizado para llegar a Malkonektita, deshaciéndose así de Adam, les dije que no tenía ni idea. Ni yo mismo entiendo del todo por qué no quise cooperar con la policía. Estaba demasiado dolido por lo que había ocurrido y, por otra parte, había una parte de mí en la que aún resonaba lo que me contó Nadia De Neef antes de desaparecer. Ella tampoco les hubiese facilitado su tarea.

7 **el perímetro:** Umland. | 9 f. **el salvamento:** Rettung, Bergung. | 13 **desencallar:** wieder flott machen. | 18 **estar al corriente:** auf dem Laufenden sein. | 22 **estar dolido/a:** verletzt/gekränkt sein; hier: leiden. | 25 **facilitar:** erleichtern.

La noticia de la muerte de Magdalena y de Óscar enseguida trascendió el ámbito local y se divulgó a gran escala. No era simplemente la triste noticia de la muerte de dos jóvenes que habían sufrido un accidente de montaña a causa de su imprudencia. Lo que preocupaba de veras eran las circunstancias en que habían ocurrido los hechos. Rápidamente se dispararon las voces críticas que decían que eso de tolerar que en un lugar como Malkonektita se usaran vehículos de gasolina desvencijados era inadmisible y tendría que estar prohibido. La protesta fue el detonante. A partir de ahí, se empezó a cuestionar el concepto mismo del pueblo desconectado. ¿Qué interés había en mantener un estilo de vida que estaba totalmente superado? ¿Cómo se podía permitir que la interacción con la gente de una comunidad como aquella pusiera en peligro la vida de nuestros jóvenes? ¿No sería ya hora de reflexionar, de tener un debate serio y sereno para decidir si aquello era aceptable o suponía un alto riesgo para todos, un riesgo que no nos podíamos permitir?

La muerte de Magdalena y de Óscar fue, en realidad, lo que precipitó el desmantelamiento y el final de Malkonektita.

Tuvo que pasar más de un año desde el accidente del Pico del Congrio antes de que se llegara a una resolución oficial sobre el futuro de los desconectados. Durante ese tiempo,

2 **trascender:** durchsickern, bekannt werden. | **el ámbito:** Umkreis, Bereich. | **divulgar:** verbreiten. | 5 **la imprudencia:** Unvorsichtigkeit. | 9 **desvencijado/a:** klapprig. | **inadmisible:** unzulässig, unzumutbar. | 10 **el detonante:** Auslöser. | 11 **cuestionar:** hinterfragen. | **mismo** (adv).: selbst, gerade. | 16 f. **sereno/a:** ruhig. | 24 **la resolución:** Beschluss.

mis padres y yo seguimos a duras penas con nuestras vidas. ¿Cómo superas un vacío que se te hace presente en tantas ocasiones, a veces en los momentos más inesperados? Puede que aquello que lo estimule sea un olor, una imagen, el fragmento de una canción o un poema, un recuerdo de la infancia, un gesto, una frase hecha … Y de pronto aquello te evoca a Magdalena, siendo consciente de que ella no está ni estará nunca más. Entonces agachas la cabeza y esperas a que pase el mal trago, pero sabes que, tarde o temprano, aquella punzada volverá a pincharte.

Mientras tanto, me aplicaba tanto como podía a mi nueva carrera de ingeniería. Aún vivía con Armengol, y, cuando él intentaba explicarme lo que hacían en Geoingeniería, le decía que no quería ni oír hablar de aquello, y él se callaba. Pobre chaval. Fue muy paciente.

Un fin de semana en que había ido a Barrancos a ver a mis padres, pasó algo inesperado. Era la noche del sábado, después de cenar. Mi padre nos había contado unas cuantas anécdotas que había vivido esa semana en el hospital. Intuyo que lo decía más para mí que para mi madre, porque ella ya lo había oído todo antes. Al cabo, se agotó el tema y mi madre tomó su *superhandy*, el que tenía para usar solo en casa, y comenzó a mostrarnos fotos de Magdalena, algunas muy antiguas. Desde su muerte, era algo que le gustaba hacer. Iba pasando las fotos sin apenas ningún comentario; a lo sumo decía cosas como: «¿Os acordáis de aquel día?» o «Ese vestido le gustaba mucho y se lo compré en las rebajas»

6 **la frase hecha:** Redensart. | 8 **agachar la cabeza:** den Kopf hängen lassen. | 9 **el mal trago** (fig.): bitteres Erlebnis (*el trago:* Schluck). | 11 **aplicarse a:** sich intensiv widmen. | 21 **agotarse:** ausgehen, sich erschöpfen.

o «Menuda cara de mal humor tenía aquí, os habíais peleado ella y tú, Nani». Mi padre y yo mirábamos las fotos, pero tampoco decíamos gran cosa.

La sesión se acabó y nos quedamos los tres en silencio, ensimismados. Entonces, mi padre se giró hacia una silla vacía que había quedado un poco apartada de la mesa. Sonrió con una sonrisa triste, desolada.

– Me pregunto dónde andará Adam – dijo en voz baja –. A saber cómo se llamará ahora o qué familia lo habrá adoptado.

Miré la silla vacía y, de repente, me eché a llorar no con unas lágrimas discretas, sino con un ruidoso llanto. El recuerdo de la extraña docilidad de Adam me dolía, y no podía contenerme, pese a que me parecía absurdo verme consternado de aquel modo; ni con la muerte de Magdalena había manifestado tanta emoción.

Mi madre me tomó de las manos y me las acarició despacio, como si fuesen las de un niño pequeño. Entonces me dijo:

– Él era como de la familia, ¿verdad?

Un día, a punto de entrar en el verano, mi madre me telefoneó. Me dijo que ya estaba decidida la fecha para la evacuación de Malkonektita.

– Será este domingo. Si vienes, podrás ver por última vez a los desconectados. He oído decir que pasarán por aquí. De

1 **menuda cara:** was für ein Gesicht (*menudo/a:* winzig). | 5 **ensimismado/a:** in Gedanken vertieft. | 7 **desolado/a:** verzweifelt. | 12 **el llanto:** Schluchzen. | 13 **la docilidad:** Fügsamkeit. | 15 **consternado/a:** bestürzt. | 16 **manifestar:** zeigen.

hecho, algunas familias se piensan quedar en Barrancos. Se instalarán en el barrio viejo.

Le dije que sí iría. No me lo quería perder. Se había establecido un plan definitivo de evacuación de todos los habitantes de Malkonektita. Se les iban a proporcionar viviendas asequibles en diversas poblaciones de la comarca, porque la mayoría prefería quedarse en el Campo Medio. También se preveía que los más ancianos recibieran inmediatamente asistencia IA. A los niños quizá les costaría adaptarse a las escuelas normales, pero solo se necesitaba algo de tiempo y un poco de paciencia.

Las negociaciones políticas habían sido complicadas, con defensores encarnizados y detractores combativos de aquel sistema de vida alternativo. Al final, acabó ganando la facción contraria al mantenimiento de Malkonektita. Los que me daban más pena eran los mismos desconectados, que hubiesen tenido que ser los protagonistas del debate, pero cuyas voces apenas fueron oídas. Sus opiniones no figuraban en ninguna parte porque ellos eran invisibles en la Telaraña, y aquello los convertía en mudos, como si no existieran. En aquellas circunstancias, más que nunca, se les percibía como un grupo marginado, con unas costumbres y un modo de vida que ya no interesaba a nadie. Después de la muerte de Magdalena y de Óscar, se habían suspendido todas las visitas a Malkonektita; los desconectados se convir-

6 **asequible:** erschwinglich. | 8 **prever:** vorhersehen. | 13 **el defensor / la defensora:** Verteidiger(in). | **encarnizado/a:** erbittert. | **el detractor / la detractora:** Verleumder(in). | **combativo/a:** kämpferisch, kampflustig. | 14 f. **la facción contraria:** gegnerische Partei. | 15 **el mantenimiento:** Instandhaltung; hier: Erhaltung. | 18 f. **figurar:** erscheinen, auftauchen. | 21 f. **percibir:** wahrnehmen. | 24 **suspender:** absagen.

tieron así en un pueblo aislado y moribundo. Ya no les quedaba ni el recurso económico de vender artesanía a los visitantes, porque nadie quería ir a verlos.

El día treinta de junio, en la plaza del Grano de Barrancos, se concentró una multitud de curiosos y entrometidos que esperaban la llegada de los autocares que traían a los desconectados. El traslado de la mayor parte de sus bienes, muebles y pertenencias se iba a hacer aparte, en camiones.

Aquel fue un domingo soleado de principios de verano; el cielo era de un azul intenso, las golondrinas jugaban ignorantes del éxodo que estaba a punto de producirse. Al cabo de un rato de espera, oímos ruido y una mujer gritó: «¡Ya vienen!».

Tres autocares grandes entraron en la plaza y aparcaron uno detrás de otro. Yo los miraba y me preguntaba cuál era la finalidad exacta de semejante espectáculo. Sospechaba que había una voluntad de escarnio público, como si aquella concentración de los desconectados delante de la población normal fuese la muestra palpable de que ellos habían fracasado y éramos nosotros los vencedores. Después de la derrota, solo quedaba la extinción final.

Las primeras familias que bajaron de los autocares fueron las que se iban a instalar en el barrio viejo de Barrancos.

1 **moribundo/a:** sterbend. | 2 **el recurso económico:** wirtschaftliche Möglichkeit. | 5 **la multitud:** Menge. | 7 **el traslado:** Umzug. | **los bienes:** Besitz. | 8 **las pertenencias:** Eigentum. | **aparte:** separat. | 10 **la golondrina:** Schwalbe. | 10 f. **ignorante:** unwissend. | 11 **el éxodo:** Exodus, Auszug. | 16 **semejante:** solch, derartig. | 19 **palpable:** klar. | 20 **fracasar:** scheitern. | **el vencedor / la vencedora:** Sieger(in). | 21 **la derrota:** Niederlage. | **la extinción:** Auslöschen.

Otros simplemente quisieron estirar las piernas antes de emprender el viaje que los conduciría a sus respectivas nuevas vidas. Algunos se quedaron sentados dentro del autocar, quizá como gesto de protesta.

A poco vi bajar a dos chicas y un chico del último autocar: los tres eran pelirrojos. Detrás iba su madre. Enseguida los identifiqué como la familia de Óscar. Me apresuré hacia ellos, sin pensármelo dos veces. Ellos también me reconocieron; los hijos me saludaron con una sonrisa y la madre me abrazó con fuerza. Tuve la sensación de que no me quería soltar, como si con aquel apretón aún pudiera salvar lo insalvable. Antes de separarnos, me habló al oído.

– Nos los mataron, Nani. Mataron a Magdalena y a Óscar – me dijo con una voz desencajada.

Al oír aquello, me quedé helado, pero no hubo tiempo para preguntar nada porque ella ya se alejaba con sus hijos; ni siquiera giró la cabeza. Al padre de Óscar no lo vi en ninguna parte. Oí a alguien, entre la aglomeración de la plaza, que cotilleaba que la familia del chico muerto se marchaba a vivir lejos porque no quería quedarse en el Campo Medio.

¿Qué quiso decir con aquello la madre de Óscar? ¿Por qué motivo los iban a asesinar? ¿Qué iban a ganar con su muerte? ¿Quién podría haber organizado un complot así? ¿Tenía alguna relación con el truco que Magdalena empleaba con Adam?

2 **respectivo/a:** jeweilig. | 5 **a poco:** kurz danach. | 7 **apresurarse:** sich beeilen. | 11 **el apretón:** heftiger Druck, feste Umarmung. | 12 **insalvable:** unrettbar. | 14 **desencajado/a:** verzerrt. | 15 **helado/a:** starr. | 18 **la aglomeración:** Menschenauflauf. | 19 **cotillear:** tratschen. | 25 **el truco:** Trick.

Tuve la sensación de que me ahogaba, a la vez que supe que nunca podría hablar de aquello con nadie, y mucho menos con mis padres, porque, si les contaba lo que acababa de oír, los dejaría destrozados. Aquella revelación angustiada de la madre de Óscar se sumaba a lo que me había explicado Nadia, pero quedaba automáticamente prisionera del mismo juramento que le hice a ella.

Hoy, veinte años después de la tragedia, continúo sin saber si las acusaciones de la madre de Óscar eran ciertas. Infinitas veces me he preguntado si hubiese tenido que investigarlo o si fue mejor dejarlo correr, como si nunca lo hubiera oído. No tengo respuesta a esta cuestión tan dolorosa, pero aún guardo esperanzas de que tarde o temprano se acabe sabiendo lo que de verdad sucedió.

Desde el mismo día de la evacuación, Malkonektita entró en un proceso de degradación imparable. Durante años fue tierra de nadie; las autoridades no tenían ninguna prisa en dotar de conectividad aquella zona. Los primeros que empezaron a acercarse, de manera más o menos furtiva, fueron algunos jóvenes, atraídos por el hecho de saber que cuando estaban allí nadie los podía controlar. La atracción por aquel lugar se multiplicaba con el temor y la incertidumbre que despertaba el no estar conectados. Además, el último tramo del camino había que recorrerlo a pie, porque no había ningún vehículo que pudiera acercarse sin cober-

4 **la revelación:** Enthüllung. | **angustiado/a:** beklemmend. | 7 **el juramento:** Schwur. | 9 **la acusación:** Anschuldigung. | 16 **la degradación:** Verschlechterung, Niedergang. | **imparable:** unaufhaltsam. | 17 **la tierra de nadie:** Niemandsland. | 18 **dotar de:** ausstatten mit. | 19 **furtivo/a:** heimlich. | 21 **la atracción:** Anziehungskraft.

tura. Allí se organizaban fiestas transgresoras, aunque luego colgaban las fotos en la Telaraña. Recuerdo imágenes de lo que había sido el Casino Popular de Malkonektita lleno de pintadas y grafitis obscenos en las paredes, y de botellas rotas en el suelo. Más adelante las cosas empeoraron porque algunos traficantes de drogas descubrieron que aquel rincón escondido del mundo era ideal para sus trapicheos, lejos de los ojos y los oídos de la policía. Me imagino que también fue un refugio de vagabundos y maleantes.

No sé hasta dónde llegó la profanación de Malkonektita, pero al final las autoridades tuvieron que tomar cartas en el asunto: había que sanearlo. Aquello se había convertido en algo demasiado peligroso: una gran extensión sin cobertura que era prácticamente imposible de controlar o patrullar. Durante un largo período, toda la zona ha sido un cementerio, el más triste que pueda existir: un cementerio sin muertos.

1 **transgresor/a:** übertretend, ausufernd. | 4 **la pintada:** Wandkritzelei. | **obsceno/a:** obszön. | 5 **empeorar:** sich verschlechtern. | 6 **el/la traficante de drogas** (f. pl.): Drogendealer(in). | 7 **el trapicheo:** krumme Sache, krummes Geschäft. | 9 **el/la maleante:** Gauner(in), Betrüger(in) (*los maleantes:* Gesindel). | 10 **la profanación:** Entweihung. | 11 f. **tomar cartas** (f. pl.) **en el asunto** (fig.): sich in die Angelegenheit einschalten, Maßnahmen ergreifen. | 12 **sanear:** sanieren. | 14 **patrullar:** patrouillieren.

Capítulo quince

Han pasado muchos años desde la muerte de Magdalena, y es lógico que no piense en ella tan a menudo. Pero a veces sueño con ella, y entonces se me aparece: estamos ella y yo, de pequeños, jugando, charlando e incluso peleándonos. Y me parece tan real que, cuando me despierto de uno de esos sueños, por un instante, apenas un instante, tengo la sensación de que aún está viva, de que la veré, de que podré hablar con ella. Luego caigo en la cuenta de que no es así, pero quiero continuar pensando en ella un rato. Magdalena siempre es joven, casi una niña. Yo me he hecho mayor; ella no, nunca lo hará.

Cuando pensamos en nuestros muertos, a menudo recordamos el final de sus vidas, la última etapa que compartimos. Y a partir de ahí, nos abandonan y hemos de seguir nuestro camino solos, sin ellos. Por eso, cuando pienso en Magdalena, uno de los recuerdos más vivos que guardo de ella es su cara luminosa, llena de felicidad, el día de nuestra expedición secreta a Malkonektita. La veo caminar por aquel sendero rodeado de maleza, abrazada a Óscar, como si aquel gesto fuese el más importante del mundo. También recuerdo la impresión que tuve al entrar en casa de Óscar, donde nos esperaba una familia diferente, como yo nunca había visto. No sé cómo explicarlo, pero diría que el ambiente que se respiraba allí era distinto, como si su tiempo y su espacio estuviesen hechos de otra materia, más brillante, con más matices, con más sabor y más olor. Y a veces este

9 **caer en la cuenta:** plötzlich merken. | 18 **la felicidad:** Glück, Freude. | 27 **el matiz:** Nuance, Abstufung.

recuerdo se mezcla con otro más antiguo, el de la primera vez que fui a Malkonektita con mis compañeros de clase. Veo a aquellos niños y niñas desconectados que salían de su escuela al mediodía y nos miraban con curiosidad y saludaban alegremente. Y aún hay otro recuerdo, el del rato que pasé en el Casino Popular con personas de distintas edades compartiendo el calor de la chimenea en un mismo espacio; y nuestra mesa llena de jóvenes; y los muchachos de las otras mesas que jugaban y se entretenían charlando, que reían y gritaban para hacerse oír; y aquel hombre mayor que tocaba el piano y cantaba, y los niños que lo miraban y también cantaban. Y en medio de todo eso, Óscar y Magdalena, el príncipe y la princesa, que se amaban sin saber que un hada maligna ya había decidido cuál sería su destino porque los había maldecido.

Cuando esos pensamientos me acometen en la ciudad, el contraste es tan brutal que me marea. Porque miro a mi alrededor y veo a una multitud yendo de aquí para allá, con prisas. En todas partes, en la calle, en el autobús, en el metro, en los parques, en las tiendas. Veo individuos con la cabeza agachada para mirar sus *handys*. Todos juntos, pero cada uno en su burbuja. Mientras los otros viven entre nosotros, a la espera de que les mandemos lo que deben hacer, siempre a punto para satisfacer cualquiera de nuestros caprichos o voluntades.

Entonces superpongo a ese panorama otro recuerdo lejano: el de un niño y una niña que jugaban con un perro de orejas grandes y caídas en Malkonektita. Escucho sus carca-

14 **maligno/a:** bösartig. | 15 **maldecir:** verfluchen, verwünschen. | 16 **acometer:** anfallen, überkommen. | 22 **la burbuja:** Blase. | 24f. **el capricho:** Laune. | 26 **superponer algo a algo:** etwas auf etwas legen.

jadas y sus gritos, veo como lanzan un palo al perro y como este corre para recogerlo y se lo devuelve, y ellos lo acarician y le dicen que es un perro muy listo. Entonces siento un nudo en la garganta y me pregunto si eran ellos o si somos nosotros los desconectados.

Editorische Notiz

Der spanische Text folgt der Ausgabe: David Nel·lo, *Los desconectados*, 2023.

Das Glossar enthält alle Wörter, die nicht im *Thematischen Grund- und Aufbauwortschatz Spanisch* von José María Navarro und Axel J. Navarro Ramil (Stuttgart: Klett, 2020) enthalten sind. Dabei wird der Grundwortschatz als bekannt vorausgesetzt. Wörter, die zum Aufbauwortschatz zählen, sind bei hier Bedarf erklärt. Allerdings wurde bei Wörtern, die vom Deutschen her verständlich sind, auf eine Erklärung verzichtet, ebenso bei Wörtern, die leicht abgeleitet werden können. Die unbekannten Wörter werden bei gleicher Bedeutung nur einmal angegeben.

Im Glossar verwendete spanische Abkürzungen

alg.	alguien (jemand)
aum.	aumentativo (Vergrößerungsform)
dim.	diminutivo (Verkleinerungsform)
fam.	lenguaje familiar (umgangssprachlich)
f.	femenino (weiblich)
fig.	sentido figurado (sinnbildlich, übertragen)
lat.	latín (Latein)
loc.	locución (Redewendung)
m.	masculino (männlich)
med.	medicina (Medizin)
pey.	peyorativo (abwertend)
pl.	plural (Plural)
vulg.	vulgar (vulgär)

Literaturhinweise

Das Gesamtwerk von David Nel·lo ist enorm und spricht alle Altersgruppen an. Deshalb findet sich hier nur eine kleine Auswahl, vor allem seiner Jugendbücher:

L'Albert i els menjabrossa. Ill. von Cristina Subirats. Barcelona 1995.
Peter Synder. Barcelona 1999.
Nou dits. Barcelona 2001.
L'aposta. Barcelona 2002.
Guguengol. Barcelona 2009.
Ludwig y Frank. Barcelona 2011.
La nova vida del senyor Rutin. Ill. von Laura Pérez Granell. Barcelona 2014.
La tribu dels Zippoli. Ill. von Pere Ginard Cursach. Barcelona 2017.
La segona vida del Marc. Barcelona 2018.
Les amistats traïdes. Barcelona 2020.
La Crònica de l'Iu Eskar. Ill. von Beatriz Castro. Barcelona 2020.
Los desconectados. Barcelona 2023.

Nachwort

David Nel·lo[1] i Colom, Jahrgang 1959, ist ein renommierter katalanischer Schriftsteller, Übersetzer und Musiker. Seine über 40 Bücher hat er vor allem in katalanischer, aber auch in spanischer Sprache verfasst. Sie wurden unter anderem ins Französische, Deutsche, Türkische, Koreanische, Russische, Griechische, Portugiesische und Baskische übersetzt. Er schreibt Kinder- und Jugendliteratur, aber auch Literatur für Erwachsene. In einem Interview mit der Zeitung *La Vanguardia* sagt er über seine Arbeit:

> Ya sé que no queda bien, pero me gusta escribir a partir de una idea y sé claramente para qué público será. Además, no me gusta cerrarme, me gusta hacerlo todo. La diferencia está más en el tono que en el contenido, y en la literatura juvenil puedo hacer volar más la imaginación.[2]

David Nel·lo wurde bereits mit vielen Literaturpreisen ausgezeichnet: zum Beispiel mit dem Preis *Barco de Vapor* (1994), *Enric Valor de narrativa juvenil* (1998), *Cavall Fort de cuentos* (1999), *Fiter i Rossell de novela* (2001), *Columna Jove* (2002), *Ciutat de Olot* (2007) und EDEBÉ *de narrativa*

1 Der katalanische *punt volat* im Namen des Autors regelt die Aussprache und gibt an, dass die »l« jeweils zu verschiedenen Silben gehören.

2 Magí Camps, »David Nel·lo: ›Las amistades que se rompen nos obsesionan más que ciertos amores rotos‹«, in: https://www.lavanguardia.com/cultura/20200407/48353329387/david-nello-premio-sant-jordi-de-novela-les-amistat-traides.html

David Nel·lo / © privat

infantil y juvenil (2014) für seine Kinder- und Jugendbücher. Eine besondere Auszeichnung erhielt er 2019 mit dem *Premio Sant Jordi de novela*, einem der angesehensten Preise in der Kategorie Kinder- und Jugendliteratur in katalanischer Sprache.

Im vorliegenden Buch nimmt Nel·lo seine Leserschaft mit auf eine Zeitreise in die nicht allzu ferne Zukunft. Protagonist Nani, ein junger Mann, erzählt aus der Ich-Perspektive die Ereignisse um seine kleine Schwester Magdalena. Dabei wirft er immer wieder einen Blick in die Vergangenheit und rollt so die Reihenfolge der Ereignisse auf.

Der Ort, an dem die Geschichte spielt, ist eine Kleinstadt, in deren näherer Umgebung der Ort »Malkonektita« liegt. Wie der Name bereits verrät, leben dort Menschen, die sich dem allgemeinen Einfluss der digitalen Medien und Internetplattformen vollkommen verweigern und so leben, wie wir selbst vor etwa 20 Jahren: ohne Smartphones, ohne Messengerdienste, ohne soziale Netzwerke. Akzeptiert werden nur Festnetztelefone und Mobiltelefone, mit denen man ausschließlich telefonieren kann.

Dieser Ort ist zu Beginn der Handlung ein zerstörter Ort, den Nani zusammen mit einer Gruppe von Arbeiter:innen zu Forschungszwecken besucht. Begleitet werden sie von Exemplaren der Spezies »los otros«, menschenähnlichen Robotern, die bereits einige Aufgaben der Menschen erledigen, die wir heute noch selbst tun (müssen).

Dort erinnert sich Nani an Ereignisse aus seiner Kindheit, wie etwa die Geburt seiner kleinen Schwester Magdalena, die mit einer deformierten Hand zur Welt kommt. Diese Behinderung und ihr Hang zu Schwindelanfällen führen dazu, dass die Familie für das heranwachsende Mädchen einen »Anderen« adoptieren, der sie von da an immer begleitet. Adam, dieses neue ›Familienmitglied‹, wird nicht von allen gleichermaßen akzeptiert: Nanis Großmutter hat zum Beispiel große Vorbehalte gegen ihn und auch Nani selbst steht ihm sehr distanziert und skeptisch gegenüber, obwohl er zugeben muss, dass er für seine Schwester eine große Hilfe ist und für sie schnell zu einer Art ›Freund‹ oder ›Vertrautem‹ wird. Magdalenas Herangehensweise an die technischen Errungenschaften der Zeit kann man einerseits vielleicht als naiv, andererseits aber auch als offen für Neues bezeichnen. Letztendlich ist ihre Haltung gegenüber dem menschenähnlichen Roboter Adam zu vergleichen mit der Herangehensweise der Generationen Z und Alpha[3] an die digitale Welt und ihre Möglichkeiten. Auch die eher zurückhaltende Sichtweise der Großmutter im Roman kann mit dem zuweilen abweisenden und verständnislosen Standpunkt mancher älterer Menschen in der heutigen Zeit verglichen werden.

Im weiteren Verlauf der Handlung denkt Nani an die Zeit seines Studiums, das von der Thematik her dem futuristischen Zeitalter, in dem er lebt, entspricht: Er will das Wetter beeinflussen lernen und Wolkensäer (»sembrador de nubes«) werden – ein kühnes Vorhaben, für das es auch in unserer Zeit schon Ansätze gibt. Nani stürzt sich mit Feuereifer und Ehrgeiz in sein Studium und ist anfangs auch sehr

3 Die Generationen Z (laut Institut für Generationenforschung die Jahrgänge 1995 bis 2009) und Alpha (Jahrgänge 2010 bis ca. 2025) haben die Digitalisierung noch stärker verinnerlicht als die Generation Y (Jahrgänge 1980 bis 1994), die immerhin schon mit dem Internet aufwuchs.

erfolgreich. Das ist auch dem Umstand zu verdanken, dass er sich zum ersten Mal ernsthaft verliebt. Seine Leidenschaft gehört Dozentin Nadia, die nach nur kurzer Kennenlernphase eine Affäre mit Nani beginnt. Allerdings ist diese von Anfang an nicht ausgeglichen. Während Nani Nadia sein Leben offenbart und praktisch blind vor Liebe ist, lässt sie ihn nur in ihrer Wohnung in ihr Leben. Sie gibt ihm gegenüber aber nichts von ihrem Privatleben oder ihrer Vergangenheit preis. Dadurch dass niemand von dem Verhältnis zwischen Schüler und Lehrerin wissen darf, muss Nani gut aufpassen, was er in *It's me,* der allgegenwärtigen digitalen Plattform hochlädt, ohne dass sein geheimes Liebesleben entdeckt wird. Er muss, um den Schein eines normalen Studentenlebens zu wahren, aber trotzdem Fotos und Nachrichten in der Plattform einstellen, die ein normales soziales Leben vorgeben. Dabei fällt ihm zum ersten Mal auf, wie wenig ehrlich all das ist, was die Menschen über sich im Internet preisgeben. Oberflächliche und wenig interessante Treffen mit anderen gleichaltrigen Mädchen, die Nani zum Schein akzeptiert, lassen ihn immer mehr an der Wahrhaftigkeit der digitalen Welt zweifeln.

Nanis und Nadias Beziehung bleibt undurchsichtig: Er weiß nichts über sie, auch nicht von ihrer Rolle im ›System‹. Die Geschichte endet unglücklich: Nadia verschwindet von einem Tag auf den anderen, sowohl aus der Fakultät als auch aus den sozialen Netzwerken. Nani bleibt völlig überrascht und getroffen zurück und braucht lange, bis er sein Leben wieder in den Griff bekommt. Das Ende der Liebesgeschichte bedeutet für ihn auch das zeitweilige Ende seiner beruflichen Karriere. Er wirft sein Studium hin und jobbt in einem Handyladen.

Die weitere Handlung des Buches wird von einer zweiten Liebesgeschichte bestimmt, nämlich die zwischen Nanis Schwester Magdalena und einem Einwohner von Malkonektita. Da über diese Romanze nur aus Nanis Sicht in Rückblenden erzählt wird, bleibt völlig unklar, wie sich Óscar und Magdalena kennengelernt und verliebt haben, aber die Jugendliche findet jedes Mal einen besonderen Weg in den verbotenen Ort, indem sie ihren ständigen Begleiter und Überwacher, den Roboter Adam, außer Gefecht setzt. Sie lotst ihn an die Grenze des Gebiets mit Netzempfang, wo er bewegungslos an einem Baum festsitzt. Sie entflieht auf diese Weise sowohl seiner Aufsicht als auch aus dem überwachten Gebiet.

Nani steht der Liebe seiner Schwester zwar grundsätzlich neutral gegenüber, befindet sich aber in einem ständigen Gewissenskonflikt. Magdalena offenbart ihre heimliche Liebe nur ihrem Bruder, die Eltern lässt sie in Unwissenheit. Sie nimmt Nani eines Tages zu einem ihrer Ausflüge nach Malkonektita mit. So erfährt man aus Nanis Sicht, wie Magdalena es schafft, sowohl ihre Eltern zu hintergehen, die glauben, dass die beiden Geschwister zusammen mit Adam einen harmlosen Ausflug machen, als auch ihren ständigen Begleiter, den sie in die netzlose Falle lockt. Die Beschreibung der notwendigen Vorbereitungen, die Magdalena für ihre Ausflüge treffen muss, lassen erkennen, dass Nani seine kleine Schwester kaum wiedererkennt. Sie, die aufgrund ihrer Behinderung angeblich immer auf Hilfe angewiesen ist und deshalb von den Eltern in Watte gepackt wird, bestellt mit größter Selbstverständlichkeit und Sicherheit ein geeignetes Fahrzeug samt automatischem Chauffeur, das sie an den Rand des Gebiets mit Handyempfang bringt. Ebenso routiniert bringt sie mit List und kindlichem Charme Adam dazu, mehr oder weniger freiwillig aus dem Bereich zu treten, in dem er funktionieren und seinen Dienst gewissenhaft verrichten kann. Über einen Erkennungslaut nehmen Óscar und Magdalena dann im Niemandsland Kontakt zueinander auf, bevor sie sich glücklich in die Arme fallen. Ebenso beeindruckt ist Nani von Magdalenas Art, sich in Malkonektita zu bewegen und mit den Menschen dort in Kontakt zu treten. Was er selbst bei einem Schulausflug als Kind als völlig unrealistisch und auch beängstigend empfunden hat, nämlich das für sein Verständnis völlig rückständige Leben in der digitalen Abgeschiedenheit, scheint für seine Schwester lebens- und liebenswert zu sein. So lernt er eine ganz neue Perspektive auf die Menschen kennen, die in ihrer scheinbar rückwärtsgewandten Welt glücklich und zufrieden sind. Durch diese Erfahrung beginnt Nani noch mehr, sein Leben in einer durch und durch digitalisierten und überwachten Gesellschaft zu hinterfragen.

Die Beziehung zwischen Magdalena und Óscar scheint sehr harmonisch und ausgeglichen zu sein: Magdalena lernt Óscars Familie kennen und bewegt sich in Malkonektita sehr sicher und unbefangen. Im Gegensatz zur Affäre, die ihr Bruder hat, scheint das Verhältnis zu ihrem Partner sehr erwachsen.

Leider endet aber auch diese Liebesgeschichte in einem großen Unglück. Durch das abrupte Ende seiner eigenen Liebe und das tragische Unglück seiner Schwester fängt Nani an, am bestehenden System zu zweifeln. Man kann als Leser:in nur ahnen, ob es sich auch um ein politisches System handelt, das hinter der Behörde steht, die die Uploads und Likes der Menschen überwacht. Nani bekommt sogar Besuch von einer Mitarbeiterin der Behörde, die herauszufinden versucht, warum sein Leben so aus den Fugen geraten ist und warum er sein Talent vergeuden und sein Studium aufgeben will.

Man fühlt sich an George Orwells Werk *1984*[4] erinnert. Der Big Brother in Nel·los Romanwelt ist aber nicht nur ein staatliches Organ der Überwachung, sondern meint auch alle Menschen mit, die sich in den sozialen Netzwerken bewegen. Jeder will über alles und jeden ständig informiert sein. Jeder versucht, sich und das eigene Leben als erstrebenswert für alle anderen darzustellen. Und dabei wird gerne und oft auf Methoden zurückgegriffen, die die Wahrheit verzerren und eine Realität vorgaukeln, die es so nicht gibt.

Mit dieser verfälschten Wirklichkeit leben auch wir heutzutage, und vor allem die Jugendlichen müssen sich in der digitalen Welt zurechtfinden und behaupten. Dass das nicht immer einfach ist und den einen oder die andere hin und wieder überfordert, ist wohl normal. Immer erreichbar und verfügbar für die Mitmenschen zu sein, birgt ein großes Stresspotenzial. Sich dabei nur von der besten Seite zeigen zu wollen oder zu müssen, ist anstrengend, zeitintensiv und lässt menschliche (Schönheits-)Ideale unrealistisch werden. Die Sogwirkung der sozialen Medien macht uns abhängig. Jugendliche vergessen Zeit und Raum, wenn sie an einem digitalen Endgerät sitzen. Eltern laufen mit ih-

4 Im Jahr 1949 erschienener dystopischer Roman über das gesellschaftliche Leben in einem totalitären Überwachungsstaat.

ren Kindern im Kinderwagen durch die Straßen, den Blick fast durchgängig auf das Display ihres Handys gerichtet. Und es gehört heute völlig zum guten Ton, beim Essen ein Handy auf dem Tisch liegen zu haben, das jederzeit klingeln oder Nachrichtentöne von sich geben kann. Digital Detox ist in aller Munde und soll uns Menschen ähnlich einer Diät vom ständigen Handykonsum abhalten, damit wir uns wieder dem richtigen Leben, dem analogen Dasein zuwenden können.

Das zweite große Thema im vorliegenden Roman ist Künstliche Intelligenz. Die Bewohner:innen von Malkonektika haben sich nicht nur von den sozialen Medien losgesagt, sondern lehnen grundsätzlich alles ab, was mit Digitalisierung und (vermeintlichem) Fortschrittsgedanken zu tun hat. Automatisiertes Fahren ist außerhalb des Dorfs eine absolute Selbstverständlichkeit: Benziner werden als unnötige Gefahrenquelle verteufelt, weil sie im Vergleich mit der hochentwickelten Technologie selbstfahrender Autos ein höheres Unfallrisiko bergen. Auf Malkonektitas Straßen geht es trotzdem traditionell zu – die Verantwortung liegt dort noch ganz bei dem Menschen am Steuer. So auch bei Óscar, der mit Magdalena eine heimliche Liebesbeziehung führt. Eine Beziehung, die vielleicht hätte bestehen können, würde sich das Dorf neuen Technologien nicht verweigern. Auch wenn das Romanende diesen Schluss zulässt, schreibt Autor David Nel·lo zu keinem Zeitpunkt anklagend und lässt beiden Welten ihre Daseinsberechtigung. Diese Haltung zeigt sich auch in seiner Darstellung humanoider Roboter, die genauso wie Autos ohne menschliche Steuerung stellvertretend für die Dominanz von Künstlicher Intelligenz in der Romanwelt stehen. Der Actif-8, dem Nanis Familie ironischerweise den Namen Adam[5] gibt, stellt dabei eine technisch weitestgehend ausgereifte Variante dar, die es so heute noch nicht gibt. Aus Nanis Beschreibung wissen wir, dass seine Bewegungen manchmal etwas steif erscheinen und er Probleme hat, durch seine Mimik Gefühlsregungen zu zeigen. Magdalena fordert ihn in ihren Gesprächen immer wieder heraus und versucht, emotionale Regungen festzustellen. Auf die Frage, ob er sie attraktiv fände, antwortet er sachlich-analytisch: »Guapa sí, como apreciación estética. Atractiva no, porque no me puedes atraer así como un imán atrae las limaduras de hierro« (S. 58). Auch wenn der Robotor noch nicht besonders gefühlsbetont antworten kann, so ist er doch in der Lage, Gespräche sinnvoll zu führen.

Nani stellt fest, dass die stetige Weiterentwicklung in der Roboterherstellung immer mehr zu einer »semblanza de personalidad« (S. 54) führt. Adam lernt also dazu und macht Fortschritte in der zwischenmenschlichen Interaktion. Diese Entwicklung geht sogar so weit, dass Nani Mitleid mit Adam hat, als niemand daran denkt, ihm ein frohes neues Jahr zu wünschen (vgl. S. 116). Und als Adam aus der Familie entfernt und seine Daten gelöscht werden müssen, hinterlässt der Roboter eine klaffende Lücke: »Él era como de la familia, ¿verdad?« (S. 151).

Im vorliegenden Roman hat die Entwicklung von Robotern bereits ein Stadium erreicht, das wohl entweder Faszination oder Schrecken auslöst. Gegenwärtig beschränkt

5 Adam ist ein hebräisches Wort und bedeutet ›Leben‹. Nach der biblischen Schöpfungserzählung heißt der erste Mensch, den Gott erschafft, Adam.

sich der Einsatz von solchen Robotern auf industrielle Bereiche, in denen der Mensch Arbeitsbedingungen ausgesetzt wäre, die zum Beispiel gesundheitsschädlich sind. Auch in der Gastronomie kommen sie bereits zum Einsatz, um schmutziges Geschirr abzuräumen. Und im Pflegebereich gibt es schon Tests mit Robotern, die sich sogar mit den alten Menschen unterhalten können. Die Forschung wird sicherlich in den kommenden Jahrzehnten rasant fortschreiten, und wer weiß, ob und wann wir es dann vielleicht auch mit einer Variante von Actif-8 zu tun haben werden.[6]

Mit *Los desconectados* ist es David Nel·lo gelungen, Vergangenheit (die verächtlich als »los desconectados« bezeichneten Einwohner:innen von Malkonektika) und Zukunft (die übrige Romanwelt) so aufeinanderprallen zu lassen, dass sowohl uns Leser:innen als auch Protagonist Nani eine intensive Auseinandersetzung mit beiden Welten möglich wird: »Entonces siento un nudo en la garganta y me pregunto si eran ellos o si somos nosotros los desconectados« (S. 159).

Andrea Scheifl

6 Prototyp Sophia von der Firma Hanson Robotics kommt bisher am nächsten an Adam heran: https://www.hansonrobotics.com/sophia/

Inhalt